MW01488444

Perea Rosero, Tucídides
    Béisbol / Tucídides Perea Rosero; ilustraciones Julio César Forero --
    3a. ed. / -- Bogotá:
Panamericana Editorial, 2007.
    268 p.: il.; 16 cm. -- (Reglamento oficial ilustrado)
    ISBN: 978-958-30-0068-3
    1. Béisbol - Reglamentos I. Forero C., Julio César, il. II. Tít. III. Serie
796.342 cd 19 ed.
AGE4875

CEP-Biblioteca Luis Ángel Arango

REGLAMENTO OFICIAL ILUSTRADO

BÉISBOL

TUCÍDIDES PEREA ROSERO

PANAMERICANA
EDITORIAL

Editor
Panamericana Editorial Ltda.

Dirección editorial
Conrado Zuluaga

Edición
Gabriel Silva Rincón

Diseño de portada
Diego Martínez Celis

Ilustraciones
Julio César Forero

Diagramación electrónica
Francisco Chuchoque R.

Tercera edición, mayo de 2007
Primera edición en Panamericana Editorial Ltda., abril de 1994

© Tucídides Perea Rosero
© Panamericana Editorial Ltda.
Calle 12 No. 34-20 - Tels.: 3603077 - 2770100 - Fax: (57 1) 2373805
Correo electrónico: panaedit@panamericanaeditorial.com
www.panamericanaeditorial.com
Bogotá, D. C., Colombia

ISBN: 978-958-30-0068-3

Impreso por Panamericana Formas e Impresos S. A.
Calle 65 No. 95-28. Tels.: 4302110 - 4300355. Fax: (57 1) 2763008.
Bogotá, D. C., Colombia
Quien sólo actúa como impresor.

Impreso en Colombia   Printed in Colombia

CONTENIDO

CONTENIDO

PRESENTACIÓN

La mayor parte de los historiadores antiguos hacen referencia en sus escritos a los juegos con pelotas, desde Herodoto que atribuye su invención a los habitantes de la antigua Meonia, o Lidia, región de la parte occidental del Asia Menor.

Griegos y romanos practicaron mucho estas actividades con pelotas, recomendadas por los médicos como Galeno, por tratarse de un excelente ejercicio para el desarrollo de la fortaleza y de las capacidades físicas.

En nuestro tiempo, con el extraordinario auge que han tenido las disciplinas deportivas, los juegos con pelotas han adquirido inmensas variaciones y múltiples posibilidades de desarrollo. Así, entre los muchos deportes que, aunque con raíces que pueden llegar a ser muy antiguas, se desarrollaron y adquirieron forma definitiva en el siglo pasado en los Estados Unidos, está el béisbol.

Si bien los historiadores no han podido definir acertadamente el verdadero origen del béisbol, la mayoría de ellos están de acuerdo en que este deporte se desarrolló a partir de los juegos ingleses rounders y críquet, introducidos por los colonizadores británicos en Norteamérica aproximadamente en el año 1750. Por esta época los ingleses tenían que dedicar la mayor parte del tiempo a los asuntos de la comunidad, por lo cual eran escasos los momentos que podían dedicar a la práctica del deporte.

Los jugadores de críquet utilizaban para el juego los equipos traídos de Inglaterra, mientras que los niños y jóvenes norteamericanos, utilizando pelotas de críquet y bates en desuso, se dedicaban a jugar al rounders, que presentaba mayores posibilidades de creatividad para muchachos de poca edad. De este juego, con las modificaciones introducidas, habría de originarse más tarde el juego de béisbol, el cual en sus comienzos consistía en batear una pelota lanzada y realizar un recorrido de ida y vuelta tocando dos estacas clavadas en el terreno, colocadas detrás del lanzador y del bateador (1800 a 1835).

A partir de este momento el juego va evolucionando más rápidamente, hasta que en 1839 el general Abner Doubleday, siguiendo sugerencias de su amigo A. Cartwright, introduce modificaciones definitivas en el juego y lo reglamenta. El objetivo del corredor ya no es tocar estacas sino pisar bases, apareciendo éstas y con ello el nombre de "base ball" (béisbol) con el cual se pasó a identificar el juego de ahí en adelante. El primer encuentro siguiendo las reglas definitivas tuvo lugar en 1846. Posteriormente el juego comenzó a extenderse por los Estados Unidos y más tarde a Centroamérica y Suramérica, además de otros países del mundo, obteniendo rápidamente gran aceptación por parte de niños, jóvenes y adultos. En Colombia el béisbol fue introducido alrededor del año 1903.

La publicación de este Reglamento de Béisbol debidamente ilustrado es para el país una obra de significativa importancia, destinada a garantizar y facilitar el conocimiento amplio de las reglas, lo cual beneficiará la formación de estudiantes y profesores en el deporte, ya que la falta de un conocimiento preciso de las reglas del béisbol es lo que ha impedido su práctica y aprendizaje a un nivel más amplio en todo el país. Ahora, teniendo un reglamento al alcance de todos y debidamente actualizado, esperamos proporcionar al público aficionado de todas las edades un gran aliciente que lo motive a conocer más detenidamente el juego en todas sus variadas facetas, lo cual redundará en beneficio de nuestro béisbol en la medida en que su práctica pueda hacerse cada vez más popular, organizada y competitiva en colegios y universidades así como en su proyección masiva a toda la comunidad.

Este material debe convertirse en un instrumento de trabajo y superación para el movimiento deportivo nacional que tanto lo necesita con el fin de acrecentar el cubrimiento de la cultura deportiva en nuestro país, con proyecciones hacia todos los países latinoamericanos, como un medio más de promover la integración de nuestros pueblos, también extendida a las disciplinas deportivas.

LOS EDITORES

Nota: *Excepto cuando se estipule de otro modo, toda referencia a un jugador en estas Reglas del Béisbol incluye ambos sexos. Debe darse por entendido que el motivo es la simplificación en la redacción.*

1.00 OBJETIVOS DEL JUEGO. CAMPO DE JUEGO

1.01 El béisbol es un juego entre dos equipos con nueve jugadores cada uno, bajo la dirección de un técnico ('mánager'), que se juega en un terreno delimitado según estas reglas, bajo la jurisdicción de uno o más árbitros ('umpires').

1.02 El objetivo de cada equipo es ganar, anotando más carreras que su oponente.

1.03 El ganador del juego será aquel equipo que haya anotado, de acuerdo con estas reglas, el mayor número de carreras al concluir el juego reglamentario.

1.04 El terreno de juego. El terreno de juego será demarcado con arreglo a las instrucciones indicadas a continuación, suplementados con los diagramas 1, 2 y 3, mostrados en las páginas 13, 16 y 18.

El cuadro interior ('infield'), será un polígono cuadrado de 90 pies (27.43 m) de lado. El cuadro exterior ('outfield') estará formado por el área comprendida entre las dos líneas ortogonales exteriores ('líneas de foul') que se forman prolongando dos lados del cuadrado, como se muestra en el diagrama 1, la distancia desde la base principal ('home') hasta la cerca más próxima, gradería u otra obstrucción en territorio bueno (territorio 'fair') será igual o mayor a 250 pies (71.68 m). Es aconsejable que exista una distancia igual o mayor a 320 pies (91.52 m) a lo largo de las líneas de 'foul', y de 400 pies (121.92 m o más desde el 'home' hasta el jardín central ('center field'). El 'infield' será acondicionado de tal forma que las líneas de las bases y el 'home plate' queden a nivel. La goma o plato del lanzador (pitcher) se elevará 10 pulgadas (25.4 cm) por encima del 'home plate'. La pendiente desde un punto situado a 6 pies (1.8 m) en dirección al 'home plate' será uniforme de una pulgada (2.54 cm) a 1 pie (30.48 cm), es decir, una pendiente de 1:12. Tanto en el 'infield' como en el 'outfield', incluyendo las líneas de borde, se considera territorio 'fair', siendo todas las demás áreas territorio foul'.

Es deseable que la línea desde el 'home plate', pasando por el montículo del pitcher hasta la segunda base esté orientada en dirección este-noreste.

Se recomienda que la distancia desde el 'home plate', hasta la baranda trasera ('back stop'), y desde las líneas de las bases hasta la cerca, gradería u otra obstrucción que se encuentre en territorio 'foul', esté situado al menos a 60 pies (18.29 m) de ellas.

Una vez determinada la ubicación del 'home plate', se puede usar una cinta metálica de medición para determinar la localización de la segunda base. Para ello se mide una longitud de 127 pies y 3 1/2 pulgadas (38.80 m) en la dirección deseada y se fija la posición

DIAGRAMA No. 1

— Líneas de base, cajón del bateador,
  cajón del receptor, línea de foul,
  plato del lanzador, cajón del entrenador
  cajón del próximo bateador
------- Líneas de bases
-·-·- Líneas de césped

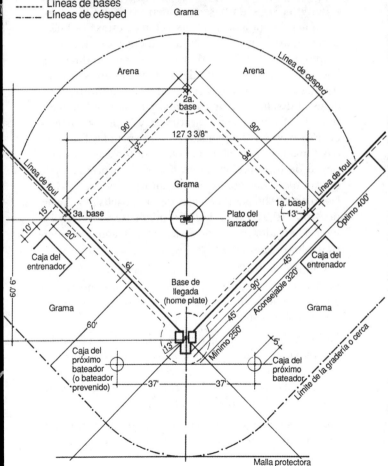

Grama

Arena

Arena

Línea de césped

2a. base

90'

90'

127 3 3/8"

94'

3'

Línea de foul

Grama

Línea de foul

15'

3a. base

Plato del
lanzador

1a. base

13'

Óptimo 400'

10'

20'

Caja del
entrenador

Caja del
entrenador

6'

45'

Base de
llegada
(home plate)

Aconsejable 320'

60'9"

Grama

90'

Grama

60'

45'

45'

13'

Mínimo 250'

Caja del
próximo
bateador
(o bateador
prevenido)

5'

Caja del
próximo
bateador

Límite de la gradería o cerca

37'

37'

Malla protectora

de la segunda base. Desde el 'home plate', se miden
90 pies (27.43 m) en dirección hacia la primera base
y desde la segunda base se miden 90 pies (27.43 m)
hacia la primera base, la intersección de estas dos líneas
determinan la posición de la primera base. Desde el
'home plate', se miden 90 pies (27.43 m.) en dirección
hacia la tercera base y desde la segunda base se miden
90 pies (27.43 m) hacia la tercera base, la intersección
de estas dos líneas determinan la posición de la tercera
base. La distancia entre la primera y la tercera base es
de 123 pies 3 1/2 pulgadas (38.80 m). Todas las medidas tomadas desde el 'home plate' se tomarán desde el
punto de intersección de las líneas de la primera y la
tercera base. El cajón de los receptores ('catchers box'),
las cajas de bateador, las cajas de los 'coachs', las líneas
de 3 pies (0.91 m) hacia la primera base y los círculos
para el bateador prevenido se demarcarán como se muestra en los diagramas 1 y 2.

Las líneas de 'foul' y todas las demás líneas de juego
indicadas en los diagramas mediante líneas negras serán demarcadas en el terreno con cal, tiza u otro material de color blanco.

La línea de grama y las dimensiones mostradas en los
diagramas se refieren a las usadas en muchos terrenos
de juego, pero no son obligatorias y cada club determinará las dimensiones y la forma de las superficies de
grama o de tierra en el terreno de juego.

Notas: (a) cualquier terreno de juego construido por
un club profesional después del día 1º de junio de

1958, deberá tener una distancia mínima de 325 pies (99.06 m) desde el 'home plate' hasta la cerca más próxima, gradería u otra obstrucción, en las líneas de 'foul' del jardín izquierdo ('left field') y del jardín derecho ('right field') y un mínimo de 400 pies (121.92 m) hasta la cerca del jardín central ('centerfield').

(b) Ningún terreno de juego será remodelado después del 1 de junio de 1958, reduciendo la distancia entre el 'home plate' hasta los postes de foul' o hasta el 'center field' por debajo del mínimo especificado en el párrafo (a) anteriormente mencionado.

1.05 El 'home plate' estará constituido por una loseta pentagonal de goma blanda. Se engendra de un cuadrado de 17 pulgadas que uno de los bordes tenga una longitud de 17 pulgadas (43.2 cm), los dos lados adyacentes sean de 8 1/2 pulgadas 921.6 cm) y los dos lados restantes de 12 pulgadas (30.48 cm) y puestos formando un ángulo que termine en una punta colocada sobre la intersección de las líneas que van desde el 'home plate' hasta la primera y la tercera base, con el borde de 17 pulgadas (43.2 cm), frente al plato del lanzador ('pitcher') y los dos bordes de 12 pulgadas (30.48 cm) coincidiendo con las líneas de primera y terceras bases respectivamente. Los bordes superiores del 'home plate' se nivelarán y el plato o base principal debe ser fijado coincidiendo su parte superior con la superficie del suelo.

1.06 La primera, segunda y tercera bases serán almohadillas de lona fijadas al suelo en forma segura. Tan-

DIAGRAMA No. 2

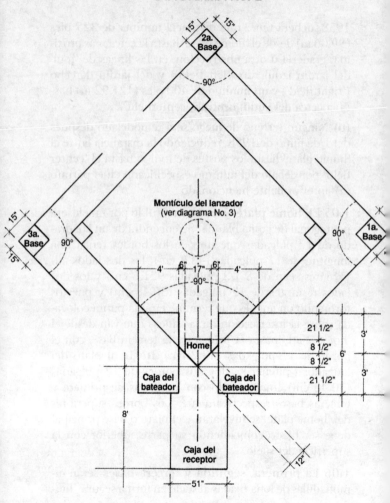

2a. Base — 15" — 15" — 90°

Montículo del lanzador (ver diagrama No. 3)

3a. Base — 15" — 15" — 90°

1a. Base — 90°

4' — 6" — 17" — 6" — 4'

90°

Home

21 1/2"
8 1/2"
8 1/2"
21 1/2"

3'
6'
3'

Caja del bateador

Caja del bateador

8'

Caja del receptor

12"

— 51" —

to la primera como la tercera base deben reposar totalmente dentro del 'infield'. La almohadilla de segunda
base debe centrarse sobre la segunda base. Las almohadillas serán cuadradas (7.6 cm) ni mayor de 5 pulgadas
(12.7 cm), rellenas con material suave.

1.07 El plato del lanzador ('pitcher plate') será una
loseta rectangular de goma de 26 pulgadas (66 cm) por
6 pulgadas (15.2 cm). Se colocará sobre el suelo como
se muestra en los diagramas 1 y 2, de tal forma que la
distancia entre la goma del lanzador y la punta trasera
del 'home plate' sea de 60 pies y 6 pulgadas (18.44 m).

1.08 El club de la casa ('home club') suministrará
los bancos para los jugadores con capacidad mínima de
un asiento para cada uno de los jugadores con capacidad mínima de un asiento para cada uno de los jugadores de los equipos de la casa y los visitantes. Dichos
bancos deberán tener techo y estar cerrados en la parte
posterior y en los extremos.

1.09 La bola o pelota será una esfera formada por un
cordel tejido alrededor de un pequeño núcleo de cor-
cho, goma o material similar, cubiertas con dos tiras de
cuero de caballo o de res de color blanco, unidas firmemente mediante costuras. Deberá pesar no menos
de 5 onzas (142 g) ni más de 5 1/4 onzas (140 g), y
deberá medir no menos de 9 pulgadas (22.9 cm) ni más
de 9 1/4 pulgadas (23.5 cm) en su circunferencia.

1.10 (a) El bate será un palo liso cilíndrico, de diámetro no mayor de 2 3/4 pulgadas (7 cm), en su posición
de mayor grosor con una longitud no mayor de 42 pul-

Sugerencia para el trazado del montículo del lanzador
Este diagrama No. 3 complementa al diagrama No. 2

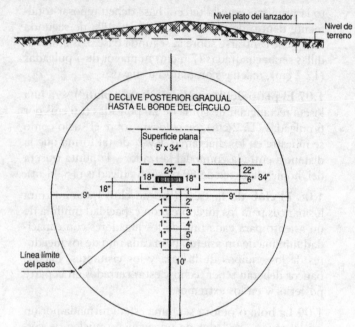

Nivel plato del lanzador

Nivel de terreno

DECLIVE POSTERIOR GRADUAL
HASTA EL BORDE DEL CÍRCULO

Superficie plana
5' x 34"

24"
18" | 18"
22"
6" 34"
18"
1" 1"
9' 9'
1" 2'
1" 3'
1" 4'
1" 5'
1" 6'

Línea límite
del pasto

10'

DIAGRAMA No. 3

El grado de declive desde un punto a una distancia de 6 pulgadas, enfrente de la goma del lanzador hasta un punto a 6 pies en dirección al home será de una pulgada por cada pie y dicho grado de declive será uniforme. *El montículo del lanzador:* un círculo de 18 pies de diámetro, cuyo centro está a una distancia de 59 pies de la parte posterior del home. Situar el borde delantero de la goma del lanzador a una distancia de 18 pulgadas detrás del centro del montículo. Desde el borde delantero de la goma del lanzador hasta el punto posterior del home, habrá una distancia de 60 pies 6 pulgadas. El declive comienza a una distancia de 6 pulgadas desde el borde delantero de la goma. El declive será de 6 pulgadas desde el punto de partida, a una distancia de 6 pulgadas enfrente de la goma hasta un punto a 6 pies enfrente de dicha goma y el declive será uniforme. La superficie plana que circunda la goma del lanzador debe ser de 6 pulgadas enfrente de la goma, 18 pulgadas a cada lado y 22 pulgadas hacia la parte posterior de la goma, total de la superficie plana 5 pie x 34 pulgadas.

gadas (1.07 m). El bate estará hecho de una sola pieza de madera sólida.

Nota: en un juego de béisbol profesional (sean juegos de campeonato o de exhibición) no se permite el uso de bates laminados o experimentales, hasta tanto el fabricante haya obtenido la aprobación de su diseño y métodos de fabricación por parte del Comité de Reglas (Rules Committee).

(b) Bates dentados. Se permite tener una muesca o diente en el extremo del bate hasta de 1 pulgada (2.54 cm) de profundidad y no podrá ser de más de 2 pulgadas (5.08 cm) ni menor de 1 pulgada (2.34 cm) de diámetro. La muesca deber ser curva y no se le podrá añadir ninguna sustancia extraña.

(c) El mango del bate podrá cubrirse o tratarse por no más de 18 pulgadas (45.7 cm) a partir de su extremo, con cualquier material o sustancia con el objeto de mejorar las condiciones de agarre. Cualquier material o sustancia que se extienda más allá del límite establecido de 18 pulgadas, será causa suficiente para sacar el bate del juego.

Nota: Si el árbitro ('umpire') descubre un bate que no esté conforme con lo anteriormente establecido en (c), hasta un momento durante o después que el bate haya sido utilizado, no será motivo para declarar el bateador 'out', ni expulsado del juego.

(d) No se podrá usar bates de colores en un juego profesional a menos de que sea aprobado por el Comité de Reglas ('Rules Committee').

1.11 (a) (1) Todos los jugadores de un equipo deben ser uniforme de idéntico color, corte y estilo, y dichos uniformes deben presentar, en su espalda, números con un tamaño mínimo de 6 pulgadas (15.2 cm). **(2)** Cualquier porción de la camiseta interior que esté expuesta a la vista será de un color sólido y uniforme para todos los miembros de un equipo. Cualquier jugador que no sea el lanzador ('pitcher') puede tener número, letras e insignias pegadas a la manga de la camiseta. **(3)** No se permitirá participar en un juego a ningún jugador cuyo uniforme no esté conforme con las características de sus demás compañeros de equipo.

(b) La liga puede establecer que **(1)** cada equipo deba utilizar un uniforme determinado para todas las ocasiones, o **(2)** que cada equipo tenga dos juegos de uniformes, blanco cuando jueguen en casa y de un color diferente para los juegos en la carretera (fuera de casa).

(c) (1) El largo de las mangas puede variar de un jugador a otro, pero cada jugador individual debe usar mangas de aproximadamente el mismo largo. (2) Ningún jugador podrá usar mangas que estén deshilachadas, cortadas o que presenten una condición haraposa.

(d) No se permitirá que un jugador pegue a su uniforme esparadrapo ('teipe') ni cualquier otro material de color distinto al de su uniforme.

(e) Ninguna parte del uniforme podrá tener una forma o estilo que asemeje, imite o sugiera la forma de una pelota de béisbol.

(f) Los uniformes no podrán tener botones de vidrio o de metal pulido.

(g) Ningún jugador usará en los tacones o punteras de sus zapatos, otra cosa que no sea de las llamadas placas de zapatos o de punteras de aluminio. No podrán usar zapatos con clavos o spikes puntiagudos similares a los que se usan en el golf y atletismo.

(h) Ninguna parte del uniforme puede tener parches o diseños relativos a propaganda comercial.

(i) La liga puede establecer que los uniformes de los equipos pertenecientes a ella tengan los nombres de sus jugadores en la espalda. Cualquier otro nombre distinto al apellido del jugador deberá ser aprobado por el Presidente de la Liga. De ser establecida esta disposición por parte de la Liga, todos los uniformes de un equipo deberán tener los apellidos de los jugadores.

1.12 El receptor ('catcher') puede utilizar una mascota de cuero con una circunferencia no mayor de 38 pulgadas (96.5 cm) ni tener más de 15 1/2 pulgadas (39 cm) desde su parte superior hasta la inferior. Dichos límites incluyen las trenzas, cordones y cualquier paramento o banda de cuero que se adhiera al borde externo de la mascota. El espacio entre la zona del pulgar y la sección de los dedos de la mascota no excederá 6 pulgadas (15.2 cm) en la parte superior de la mascota ni de 4 pulgads (10.2 cm) en la base de la horquilla del pulgar. La malla podrá ser de trenza o cordones a través de túneles de cuero, o un pedazo de cuero que puede ser una extensión de la palma de la mascota, conectada a ella con trenzas y construida de tal forma que ninguna de las medidas antes citadas se excedan.

1.13 El jugador de la primera base podrá utilizar un guante de cuero o un mascotín de no más de 12 pulgadas (30.4 cm) de longitud de arriba hacia abajo, ni más de 8 pulgadas (20.3 cm) de ancho a través de la palma, medida desde la base de la horquilla del pulgar hasta el borde exterior del mascotín. El espacio entre la sección del pulgar y la sección de los dedos del mascotín no excederá de 4 pulgadas (10.2 cm) en la parte superior del mascotín ni de 3 1/2 pulgadas (8.9 cm) en la base de la horquilla del pulgar. El mascotín deberá construirse de forma que este espacio quede plenamente fijo y que no se pueda agrandar, extender, anchar, ni profundizar mediante el uso de cualquier material o procedimiento. La malla del mascotín medirá no más de 5 pulgadas (12.7 cm) desde su parte superior hasta la base de la horquilla del pulgar. Dicha malla podrá ser de trenzas, trenzas a través de túneles de cuero, o un pedazo de cuero central que pueda ser una extensión de la palma conectada al mascotín mediante trenzado, construida de tal forma que no exceda las medidas anteriormente señaladas. La malla no deberá ser construida de tejidos con cordones o trenzas ni tampoco para formar una trampa tipo amallada. El mascotín puede tener cualquier peso.

1.14 Cada jugador del campo ('fielder'), distinto del primera base y del receptor ('catcher'), puede usar un guante de cuero. Todas las dimensiones referentes al ta-

maño del guante se harán midiendo sobre el lado fron-
tal o sea el lado recibidor del guante. La regla o cinta
de medir se colocará haciendo contacto con la superficie o forma del elemento a su medida siguiendo todos
sus contornos durante el proceso. El guante no deberá medir más de 12 pulgadas (30.5 cm) desde la punta
de cualquiera de los cuatro dedos pasando por el bolsillo de la pelota hasta el borde inferior o talón del guante. El guante no deberá medir más de 7 3/4 pulgadas
(19.7 cm) de ancho, medido desde la costura en la base
del primer dedo, a lo largo de la base de los otros dedos,
hasta el borde externo del dedo meñique del guante. El
espacio o área entre el pulgar y el primer dedo llamada
horquilla, puede rellenarse con malla o tira de cuero. La
malla puede ser hecha de dos tiras o también se puede
hacer con una serie de túneles de cuero, o paneles de
cuero, o con trenzas de cuero. La malla no deberá ser
hecha de tejidos con cordones o trozos de modo que se
forme una trampa de tipo mallado. Cuando la malla se
haga para cubrir totalmente el área de la horquilla, se
puede utilizar un mallado flexible. Cuando se constru-
yan con una serie de secciones, éstas deberán ser unidas entre sí. Estas secciones no se pueden construir de
forma que permita que se desarrolle una depresión por
las curvaturas de la horquilla. Dicha abertura medirá
no más de 4 1/2 pulgadas (11.4 cm) en la parte superior, ni tendrá más de 5 3/4 pulgadas (14.5 cm) de
profundidad, y tendrá 3 1/2 pulgadas (8.9 cm) de ancho en su parte inferior. La abertura de la horquilla no
tendrá más de 4 1/2 pulgadas (11.4 cm) en cualquier

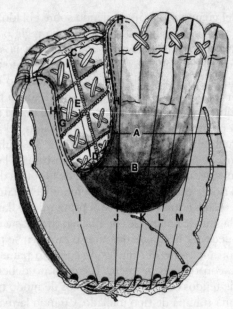

Dimensiones máximas de los guantes para fildeadores (excepto receptor y primera base)

A: 7 3/4" (Ancho palma)
B: 8" (Ancho palma)
C: 4 1/2" (Abertura superior malla)
D: 3 1/2" (Abertura inferior malla)
E: 5 3/4" (Altura total malla)
F: 5 1/2" (Costura horquilla dedo índice)
G: 5 1/2" (Costura horquilla pulgar)
H: 13 3/4" (Costura horquilla)
I: 7 3/4" (Largo total pulgar)
J: 12" (Largo total dedo central)
K: 11 3/4" (Largo total dedo medio)
L: 10 3/4" (Largo total dedo anular)
M: 9" (Largo total dedo medio)

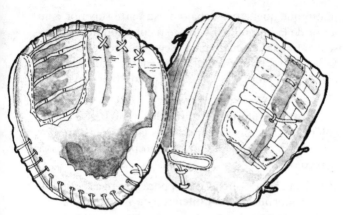

Guante para los demás jugadores defensivos

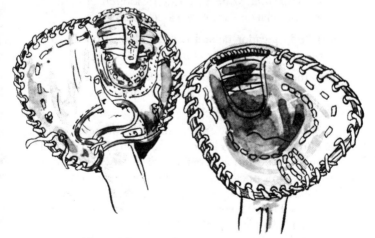

"Mascotín" o guante para el primera base

punto que quede por debajo de su parte superior e inferior de la horquilla. El enlace o conexión debe hacerse con trenzas de cuero para asegurar la correcta unión. Si llegaren a estirarse o aflojarse, deben ajustarse a su condición apropiada. El guante puede tener cualquier peso.

1.15 (a) El guante del lanzador ('pitcher') será de color uniforme, incluyendo todas las costuras, trenzas y malla. El guante del lanzador no podrá ser de color blanco o gris.

(b) El lanzador ('pitcher') no podrá atar ni adherir a su guante ningún material diferente de ningún color que no sea el propio del guante.

1.16 Una liga profesional debe adoptar la siguiente regla con relación al uso de casco ('helmets').

(a) Todo jugador deberá utilizar algún tipo de casco protector mientras esté al bate.

(b) Todo jugador perteneciente a equipos de la 'National Association Leagues', tendrá que utilizar orejeras dobles mientras esté al bate.

(c) Todo jugador que entre a las Ligas Mayores comenzando en la temporada de campeonato 1983 y en cada temporada posterior, deberán usar un casco con orejera sencilla (o a opción del jugador con orejeras dobles), con excepción de aquellos jugadores que ya pertenecieron a las Ligas Mayores durante la temporada de 1982, y quien haya alegado durante dicha temporada, su objeción de utilizar un casco con orejera sencilla.

(d) Todo receptor ('catcher') debe utilizar un caso protector de receptor ('catcher's protective helmet'), mientras esté en su posición.

(e) Todo recogebates ('bat-boy') utilizará un casco protector mientras desempeña sus funciones.

Nota: si el árbitro ('umpire') observa cualquier violación de estas reglas ordenará que se corrija la violación. Si no se corrige, dentro de un lapso razonable, a juicio de él, expulsará del juego al ofensor y recomendará, si ello fuere apropiado que se le aplique una sanción disciplinaria.

1.17 Todos los utensilios de juego, incluyendo pero no limitando aquellos tales como almohadillas de las bases, gomas o plato del pitcher, pelotas, bates, uniformes, mascotas de receptor, guantes y casos protectores, como se indican en estas reglas, no deberán presentar aspectos indebidos o excesivos para la comercialización del producto. Los fabricantes deberán usar logotipos de buen gusto en lo que se refiere a su tamaño y contenido. Lo establecido en esta sección 1.17 será aplicable únicamente a ligas profesionales.

Nota: aquellos fabricantes que estén planteando cambios e innovaciones en utensilios o equipos de béisbol profesional deben someterlos a la consideración del Comité Oficial de Reglas de Juego ('Oficial Playing Rules Committee') con anterioridad a su producción.

2.00 DEFINICIONES Y TÉRMINOS

(Todas las definiciones de la regla 2.00 están listadas en orden alfabético en su versión inglesa, y entre paréntesis aparece su denominación en español cuando ésta exista o su versión que por su uso o costumbre se utilice en el juego).

ADJUDGED (Apreciación): decisión que toma el árbitro ('umpire') a su juicio.

APPEAL (Apelación): acto que hace un fielder (fildeador o jugador a la defensiva) reclamando una violación de las reglas por parte del equipo que esté a la ofensiva.

BALK (Bok): acto ilegal ejecutado por el pitcher (lanzador) con corredor o corredores en base, dándoles derecho a todos éstos de avanzar una base.

BALL (Bola): lanzamiento que no pasa por la zona de strike (stray) en su recorrido, y al cual el bateador no le hace swing (no le tira).

Si el lanzamiento toca el suelo y rebota pasando por la zona de strike, se considera como bola. Si dicho lanzamiento toca al bateador le será adjudicada la primera base. Si el bateador le tira (le hace swing) a dicha lanzamiento después del segundo strike, la pelota no podrá ser atajada, para efectos de la regla 6.05 (c) y 6.09 (b). Si el bateador hace contacto con dicho lanzamiento, la acción posterior será igual que si éste hubiese hecho contacto a un lanzamiento que no hubiere tocado el suelo.

BASE (Base): uno de los cuatro puntos que deben ser tocados por un corredor a fin de poder anotar carrera, también se emplea este término para indicar las almohadillas de lona y el plato de goma que demarcan los lugares o puntos de las bases.

BASE COACH (Coach de base): miembro uniformado del equipo que se estaciona en la caja de coach en la primera o tercera base con el fin de dirigir o dar instrucciones al bateador y a los corredores.

BASE ON BALLS (Base por bolas): concesión que se le otorga al bateador para que llegue a la primera base, cuando éste haya recibido cuatro lanzamientos fuera de la zona de strike.

BATTER (Bateador): jugador que está a la ofensiva y que toma posición en la caja de bateo.

BATTER-RUNNER (Bateador-corredor): término empleado para identificar a un jugador que esté a la ofensiva, que acaba de finalizar su tiempo al bate hasta tanto éste haya sido puesto out o hasta tanto la jugada en la cual él se convierte en corredor haya finalizado.

BATTER'S BOX (Cajón de bateo): área dentro del cual debe permanecer el bateador durante su tiempo o turno al bate.

BATTERY (Batería): pitcher (lanzador) y el catcher (receptor).

BENCH or DUGOUT (Banco o cueva): instalaciones destinadas y reservadas para los jugadores, los suplentes y demás miembros del equipo que estén uniformados, cuando éstos no estén ocupando el terreno de juego.

BUNT (Toque): bola que ha sido bateada sin hacerle swing al bate, sino que se le ha tocado intencionalmente con el bate en forma lenta dentro del infield (cuadro).

CALLED GAME (Juego terminado): juego que, por cualquier razón, el umpire (árbitro) principal termina o da por concluido.

CATCH (Atrapada): acto que ejecutan un fildeador (fielder) o jugador a la defensiva, de tal manera que tome posesión segura de la pelota, en su mano o guante, mientras ésta se encuentra en vuelo durante su trayectoria, y la sostiene o mantiene firmemente, siempre y cuando para ello no utilice su gorra, protector o peto, bolsillo o cualquier parte de su uniforme para tomar posesión de ella. Sin embargo, no se considera que es una atrapada (catch) si simultánea o inmediatamente después de su contacto con la pelota, ésta choca con otro jugador, con una pared o cerca, o si el jugador se cae, y que como consecuencia de tal colisión o caída, se le caiga la pelota. Tampoco se considera como atrapada si el fildeador (fielder) toca una pelota en fly (elevado) que luego le pegue a un miembro del equipo a la ofensiva o a un umpire (árbitro) y luego sea atrapada por otro jugador a la defensiva. Si el fildeador ha hecho la atrapada, el umpire podría hacer su apreciación que la pelota fue atrapada. Al establecer la validez de su atrapada, el fildeador deberá mantener la pelota en su poder un tiempo suficiente para probar que ha tenido control o posesión completa de la pelota y que su acto de liberarse de la pelota ha sido voluntario o intencional.

Una atrapada es legal si la pelota es finalmente tomada por un fildeador, aun cuando ésta estuviese en el aire cierto tiempo en actividad, tipo malabarista ('pomponeo') por parte de uno o más jugadores de la defensiva, antes de que toque el suelo. Los corredores pueden salirse de sus bases desde el instante en que el primer fildeador toque la pelota. Un fildeador puede extenderse sobre una cerca, pared, baranda, mecate, cuerda o cualquier otra línea de demarcación a fin de realizar una atrapada. Podrá saltar y montarse sobre una baranda o lona que pueda encontrarse en territorio foul. No se considera como interferencia cuando un fildeador se extiende sobre una cerca, baranda, mecate o tribuna para atrapar una pelota. Él lo hace a su propio riesgo.

Si un fildeador, al intentar hacer una atrapada en el borde de un dugout, es 'sostenido' e impedido de una aparente caída por uno o varios jugadores de cualquiera de los dos equipos y logra efectuar la atrapada, se considera como válida.

CATCHER (Receptor): fildeador (jugador a la defensiva) que toma su posición detrás de la base del home).

CATCHER'S BOX (Cajón del receptor): área dentro de la cual deberá permanecer el receptor (catcher) hasta tanto el lanzador (pitcher) suelte la pelota.

CLUB (Club): persona o grupo de ellas responsable de reunir y sufragar el personal del equipo, proveer el terreno de juego y las instalaciones necesarias y representar a su equipo en las relaciones con la liga.

COACH (Coach): miembro uniformado del equipo designado por el mánager para realizar las funciones que éste encomiende, tales como coach de base, sin ser esto limitativo.

DEAD BALL (Bola muerta): pelota que quede fuera de juego debido a una suspensión temporal y legal del juego.

DEFENSE or DEFENSIVE (Defensiva): equipo, o cualquier miembro de éste, que esté en el terreno de juego.

DOUBLE HEADER (Doble juego): dos juegos normalmente programados o reprogramados, jugados inmediatamente el uno del otro.

DOUBLE PLAY (Doble matanza o Jugada de doble out): jugada efectuada por el equipo a la defensiva en la cual son puestos out dos jugadores del equipo ofensivo como resultado de una acción continua, siempre y cuando no haya un error en el lapso entre los outs.

(a) Un doble play forzado es aquel en el cual ambas acciones de poner out a los corredores, se da por una jugada de force play (jugada forzada) **(b)** Un doble play forzado invertido es uno en el cual el primer out es por force play (jugada forzada) y el segundo se hace a un corredor cuya condición de force haya cesado por razón del primer out realizado. Ejemplos de esta jugada de doble play forzado invertido: con corredor en primera y un out, el bateador produce una rolata al jugador de primera base, quien pisa la almohadilla (un out) y lanza la pelota al jugador del campo corto o de la segunda base, quien toca al corredor completando el segundo out.

FAIR BALL (Bola buena): pelota bateada que se posa en terreno fair entre home y primera base o entre home y tercera base, o que se encuentre sobre territorio fair cuando rebota sobre el outfield (jardines) más allá de la primera o tercera base, o que toque a la primera, segunda o tercera base, o que inicialmente caiga sobre territorio fair en o más allá de la primera o tercera base, o que mientras o durante su trayectoria sobre territorio fair haga contacto con un umpire o jugador, o que mientras o durante su paso o vuelo por territorio fair, se salga del terreno de juego.

Un fly (elevado) cae en el infield (cuadro interior) entre el home y la primera base, o entre el home y la tercera base, y luego rebota en territorio foul sin que fuese tocada por un jugador o umpire y antes de rebasar la primera o la tercera base, es un foul ball (pelota no válida); o si una pelota se detiene en territorio foul o si es

IMPLEMENTOS DEL BATEADOR

Casco

Pelota

Zapatos

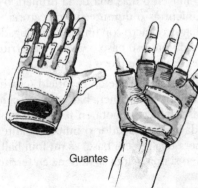

Bate

Guantes

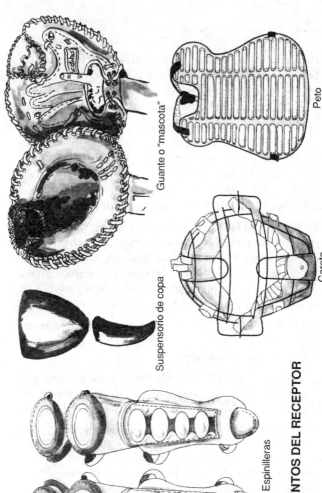

Guante o "mascota"

Peto

Suspensorio de copa

Careta

Espinilleras

IMPLEMENTOS DEL RECEPTOR

tocada por un jugador en territorio foul, se considera también como foul ball. Si una pelota en fly (elevado) toca el suelo en o más allá de la primera o tercera base y luego rebota en territorio foul es una pelota fair (válida).

Ha ido en aumento la colocación de postes de foul altos en la cerca del jardín izquierdo y derecho, con una malla de alambre que se extiende a lo largo del costado del poste en territorio fair sobre la cerca o tribunas para ayudar a los umpires a poder efectuar una apreciación más precisa acerca de si la pelota es fair o foul.

FAIR TERRITORY (Territorio válido): parte del terreno incluyendo las líneas de primera y tercera base, desde el home plate hasta las cercas que limitan el campo de juego y los planos verticales perpendiculares a éstas en dirección hacia arriba. Todas las líneas de foul se consideran en territorio fair (válido).

FIELDER (Fildeador): todo jugador que esté a la defensiva, es decir, que se encuentre jugando en el campo con el objeto de interceptar la pelota.

FIELDER CHOICE (Jugada de selección): acto que realiza un fildeador que acepta una pelota rastrera (rolling) en territorio válido (fair) y en lugar de tirar a primera base para poner fuera (out) al bateador-corredor, opta por tirar a la otra base, en intento de retirar (poner out) a otro corredor que con anterioridad se hubiere embasado. Este término es utilizado por los anotadores para señalar **(a)** el avance del bateador-corredor que toma una o más bases adicionales (extra), cuando el fildeador que acepta la pelota intenta poner out a otro corredor que se encontraba en base; **(b)** para señalar el avance del corredor (que no sea por robo de base, error, wild pitch, passed ball), mientras un fildeador está intentando de poner out a otro corredor, y **(c)** para dar cuenta del avance de un corredor solamente debido a la indiferencia del equipo a la defensiva (por ejemplo, robo sin defensa).

FLY BALL (Elevado): pelota bateada que en su recorrido se eleva en el aire. A veces solamente se le llama un fly.

FORCE PLAY (Out forzado): jugada en la cual un corredor pierde legalmente su derecho a la base que ocupa, por razón de que el bateador se convierte en corredor.

La confusión que muchas veces se presenta con respecto a esta jugada puede aclararse recordando que frecuentemente la situación de 'force' queda eliminada durante la propia jugada. Ejemplo: corredor en primera con un out; la pelota es bateada cotundentemente en rolling al primera base quien pisa la almohadilla y por tanto el bateador-corredor es out. En ese momento la situación de 'force' ya no existe y por tanto el corredor que avanza hacia la segunda tiene que ser tocado para ponerlo out. Si además hubiere un corredor en tercera o en segunda, y alguno de esos corredores hubiera anotado en carrera antes de producirse el out en la segunda, la carrera es válida. Si el primera base hubiera optado por lanzar primero a segunda base y de allí la pelota hubiera sido devuelta a la primera, la jugada en la segunda hubiera sido out forzado (force), con lo que se hubiera completado el segundo out y al retornar la pelota a la primera base antes de que llegara el bateador-corredor se hubiera completado el tercer out, con lo cual la carrera no sería válida. Otro ejemplo: no habría out forzado, en el caso en que habiendo un out y corredores en primera y tercera, se producirá la siguiente situación: el bateador conecta un elevado (fly) que es atrapado y puesto out. Por tanto van dos outs. El jugador que está en tercera hace pisa y corre y anota en carrera. Mientras tanto, el corredor de primera intenta regresar a la almohadilla antes de que el tiro del fildeador llegue a primera base, pero no regresa a tiempo y es out. Hay tres outs. Si a juicio del umpire, el jugador de tercera pasó al home antes de que la bola llegara a manos del primera base, la carrera es válida.

FORFEITED GAME (Forfeit o Juego confiscado): juego declarado terminado por el umpire principal, a favor del equipo que no incurriese en falta por violación de las reglas, y la anotación registrada será de 9x0.

FOUL BALL (Bola en foul o no válida): pelota bateada que se detiene en territorio foul entre el home y la primera base o entre el home y la tercera base, o que rebota más allá de la primera o de la tercera base en terreno foul, o que estando en territorio foul toca la persona de un árbitro (umpire) o jugador, o cualquier objeto extraño distinto al suelo natural. Un foul ball se jugará con arreglo a la posición relativa de la pelota con respecto a la línea de foul, incluido el poste de foul, y no con relación a si el fildeador esté o no en territorio foul o fair en el momento en que haga contacto con la pelota.

Una pelota bateada que no sea tocada por un fildeador y que pegue contra la goma o plato del lanzador (pitcher's rubber) y que rebota a territorio foul, entre home y primera o entre home y tercera es un foul ball (pelota foul).

FOUL TERRITORY (Territorio de foul): terreno ocupado fuera de las líneas de primera y tercera bases desde el home plate, hasta las cercas que limitan el campo de juego y los planos verticales perpendiculares a éstas en dirección hacia arriba.

FOUL TIP (Foul tip): pelota bateada que sale directamente del bate a las manos del catcher (receptor) y es legalmente atrapada por el catcher; cualquier foul tip atajado se considera como strike, y la pelota sigue en juego. No será considerado como foul tip, si la pelota es atrapada luego de rebotar, a menos que con anterioridad la pelota haya tocado la mano o la mascota del receptor.

GROUND BALL (Rolata o rolling): pelota bateada que se arrastra o salta sobre el terreno.

HOME TEAM (Home Club): equipo local donde se celebra un juego, o si el juego se desarrolla en un campo neutral, el home club se designará de mutuo acuerdo. Es el equipo que toma la defensiva en primer término durante el encuentro.

ILLEGAL (Ilegal): significa lo contrario a estas reglas.

ILLEGAL PITCH (Lanzamiento ilegal): (1) un lanzamiento enviado al bateador cuando el lanzador no tenga su pie pivote o pivoteante en contacto con la goma o plato de lanzamiento (pitcher's plate); (2) un lanzamiento rápido de retorno del catcher. Cuando haya corredores en base, cualquier lanzamiento ilegal será considerado como 'balk'.

INFIELDER (Jugador del cuadro): jugador a la defensiva que ocupa una posición en el cuadro interior.

INFIELD FLY (Elevado al cuadro interior): un fly en territorio fair (válido), que no haya sido bateado ni en línea o linietazo, ni en intento de toque, el cual puede ser atrapado por un infielder en forma corriente o con un esfuerzo normal, cuando estén ocupadas la primera y la segunda, o la primera, la segunda y la tercera bases, antes de que hayan dos outs. Tanto el pitcher como el catcher y cualquier jardinero (outfielder) que en el momento de la posible atrapada esté colocado en el infield (cuadro) serán considerados como infielders (jugadores del cuadro) a los efectos de esta regla.

Cuando se vea que aparentemente la pelota bateada constituye un infield fly, el árbitro (umpire) deberá decretar inmediatamente 'infield fly' en beneficio de los corredores. Si la pelota está cercana a las líneas de bases, el umpire deberá decretar 'infield fly fair'. La pelota quedará viva y los corredores podrán avanzar a su propio riesgo, o regresar a la base retocándola y avanzar luego, igual que en cualquier otra jugada de fly ball. Si el batazo se abre hacia terreno foul, será igual a cualquier foul. Si a un batazo decretado 'infield fly' se le deja caer al terreno sin tocarlo y rebota foul antes de la primera o tercera base, es un foul ball. Si un batazo decretado como 'infield fly' se deja caer al terreno sin tocarlo fuera de las líneas de las bases, y rebota a territorio fair antes de pasar la primera o la tercera base, se considera como infield fly.

En lo que respecta a la aplicación de la regla del infield fly el umpire debe apreciar si la pelota pudiera ser manejada normalmente por el infielder y no de acuerdo con las limitaciones territoriales arbitrarias como el borde de la grama o las líneas de bases. Igualmente el umpire debe decretar que la pelota es un infield fly, aun cuando sea un outfielder (jardinero) el que tenga la oportunidad de atraparla, en forma ordinaria, si a juicio del umpire la pelota hubiera podido ser atrapada fácilmente por un infielder (jugador del cuadro). De ninguna manera el infield fly puede ser considerado como una jugada de apelación. Lo que priva es el criterio del umpire, y su decisión debe ser hecha en forma inmediata.

Cuando se decreta la regla del infield fly, los corredores pueden avanzar a su propio riesgo. Si en una jugada de infield fly el infielder deja caer la pelota en forma intencional, la pelota permanece viva a pesar de lo previsto en la Regla 6.05 (L). La regla del infield fly es la que prima.

IN FLIGHT (Pelota en vuelo): se refiere a cualquier pelota bateada, tirada o lanzada (pitcher ball) que aún no ha tocado el suelo o algún objeto distinto al fildeador.

IN JEOPARDY (Pelota a riesgo): término que indica que la pelota está en juego y que se puede poner out a un jugador que esté a la ofensiva.

INNING (Inning o entrada): parte del juego en que se alternan los equipos (clubes) a la ofensiva y defensiva, cuando tres jugadores del que esté a la ofensiva hayan sido puestos out. Cada turno de un club corresponde a medio inning.

INTERFERENCE (Interferencia):

(a) La interferencia de la ofensiva es un acto mediante el cual el equipo que está al bate, interfiere, obstruye, impide o confunde a cualquier fildeador que intenta realizar una jugada. Si el umpire declara out por interferencia al bateador, el bateador-corredor, o un corredor, todos los corredores restantes deberán regresar a la última base que a juicio del umpire hayan pisado legalmente en el momento de la interferencia, a menos esté previsto en otra forma en estas reglas.

En el caso que el bateador-corredor no haya llegado a la primera base, todos los corredores deben regresar a la respectiva base que ocupaban en el momento del lanzamiento del pitcher.

(b) La interferencia defensiva es un acto realizado por un fildeador, mediante el cual estorba o impide al bateador que le pegue a la pelota lanzada.

(c) La interferencia del umpire ocurre (1) cuando el árbitro impide o estorba al receptor (catcher) cuando éste intente hacer un lanzamiento para poner out a un corredor que intenta robo de base; (2) cuando un batazo en territorio fair (válido) le pega a un umpire antes de que la pelota haya pasado a un fildeador.

(d) La interferencia de los espectadores ocurre cuando un espectador se estire o se salga fuera de las tribunas o palcos y toque una pelota que esté viva.

Al producir cualquier interferencia la pelota queda muerta.

LEAGUE (Liga): grupo de clubes (equipos) cuyos conjuntos juegan unos contra otros, con una programación o calendario (schedule) previamente preparado, bajo la observancia de estas reglas, para el campeonato de dicha liga.

LEAGUE PRESIDENT (Presidente de la liga): persona que deberá imponer y hacer cumplir las reglas oficiales y determinar sobre cualquier juego que haya sido puesto bajo protesta. El presidente de la liga podrá multar o suspender a cualquier jugador, coach, mánager o árbitro por violar estas reglas, a su propio juicio y discreción.

LEGAL (Legal o legalmente): lo que está de acuerdo con estas reglas.

LIVE BALL (Pelota viva): pelota que está en juego.

LINE DRIVE (Línea o linietazo): pelota bateada que recorre en forma contundente y directa desde el bate hasta un fildeador sin tocar el suelo.

MANAGER (Mánager o técnico): designado por el club que tiene la responsabilidad del equipo, respecto a sus acciones y comportamiento en el terreno, y que representa al equipo en sus comunicaciones con el umpire y el equipo contrario (rival). Un jugador puede ser nombrado mánager.

(a) El club deberá designar un mánager ante el presidente de la liga o ante el umpire principal, con no menos de 30 minutos de antelación al tiempo programado para el inicio del juego.

(b) El mánager podrá avisarle al umpire que ha delegado deberes específicos contemplados por las reglas a su jugador o coach y que cualquier acción de tal delegado hecha por dicha delegación será oficial. En todo caso el mánager será siempre responsable por la conducta del club (equipo), el cumplimiento de las reglas oficiales y respeto a los árbitros.

(c) Si un mánager abandona el terreno de juego, deberá designar a un jugador o coach como sustituto, y dicho mánager sustituto tendrá los deberes y responsabilidades del mánager oficial. Si el mánager rehúsa dejar un sustituto antes de abandonar el terreno, el árbitro principal designará a un miembro del equipo como mánager sustituto.

OBSTRUCTION (Obstrucción): acto de un jugador a la defensiva (fielder) quien no estando en posesión de la pelota y tampoco estando en el acto de fildear, impida el avance a un corredor.

Si un fildeador se encuentra a punto de recibir una pelota que le ha sido lanzada, y si ésta en su trayectoria de vuelo se dirige directamente hacia y lo suficientemente cerca del fildeador que obligue a éste a permanecer en su posición a fin de recibir la pelota, se puede considerar que se encuentra "en el acto de fildear la pelota". Depende exclusivamente del criterio del árbitro determinar si un jugador se encuentra o no en el acto de fildear la pelota. Después que un jugador a la defensiva haya fallado en su intento de fildear una pelota, no se podrá seguir considerando que se encuentra en el "acto de fildear" una pelota. Por ejemplo si un infielder (jugador del cuadro) se lanza precipitadamente para fildear una pelota y falla permitiendo que la pelota lo pase y permanece acostado en el suelo retrasando así el progreso de un corredor, lo más probable es que haya cometido una obstrucción respecto al corredor.

OFFENSE (Ofensiva): equipo o jugador que se encuentra al bate.

OFFICIAL SCORER (Anotador oficial). *Véase regla No. 10.00.*

OUT (Fuera u out): una de las tres jugadas requeridas para retirar al equipo que se encuentra bateando.

OUTFIELDER (Jardinero): jugador a la defensiva que ocupa una posición en el outfield (jardines), o sea en el área del campo de juego más distante del home plate.

OVERSLIDE (Pasarse de la base): acto de jugador a la ofensiva al deslizarse en una base, que no sea cuando esté corriendo entre home y primera, y que debido al impulso que lleva, pierda el contacto con ella.

PENALTY (Penalidad o sanción): aplicación de estas reglas al ser cometido un acto ilegal.

PERSON (Persona): cualquier parte del cuerpo, traje o equipo de jugador o de un árbitro.

PITCH (Lanzamiento): pelota lanzada por el pitcher al bateador.

Cualquier otro lanzamiento de un jugador a otro son pelotas tiradas.

PITCHER (Lanzador): jugador a la defensiva designado para lanzar la pelota a los bateadores.

PIVOT FOOT (Pie de pivoteo del lanzador): pie que hace contacto con la caja del pitcheo cuando se va a efectuar el lanzamiento.

PLAY (Play): la orden del árbitro principal para comenzar un juego o reanudarlo después de una bola muerta.

QUICK RETURN (Devolución rápida del lanzamiento): lanzamiento hecho por el pitcher con la intención obvia de sorprender al bateador fuera de balance. Se considera un lanzamiento ilegal.

REGULATION GAME (Juego reglamentario). *Véanse 4.10 y 4.11.*

RETOUCH (Repisar): acto que realiza un corredor de base al regresar a ella, cuando sea legalmente requerido.

RUN SCORE (Carrera o anotación): será considerada válida cada vez que un jugador a la ofensiva, después de haber pisado primera, segunda y tercera base,

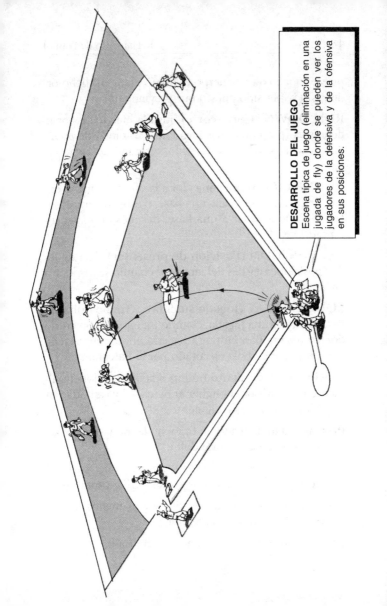

DESARROLLO DEL JUEGO
Escena típica de juego (eliminación en una jugada de fly) donde se pueden ver los jugadores de la defensiva y de la ofensiva en sus posiciones.

pise o toque con su cuerpo el home plate en dicho orden, sin haber sido puesto out previamente.

RUN DOWN (Corre-corre): jugada efectuada por la defensiva (por uno o más jugadores) tratando de poner out a un corredor, que ha sido sorprendido entre las bases.

RUNNER (Corredor): jugador a la ofensiva que se encuentra avanzando hacia una base, o esté en contacto o tratando de regresar a una base, después de haber intentado.

SET POSITION (Posición de presentar): una de las dos posiciones legales del lanzador cuando se dispone a lanzar.

SQUEESE PLAY (Jugada suicida): término utilizado para designar una jugada, cuando un equipo con corredor en tercera base, intenta hacerlo anotar en carrera, con un toque de bola ejecutado por el bateador.

STRIKE (Lanzamiento bueno o strike): pelota legalmente lanzada por el pitcher al bateador y cantada por el árbitro, en los casos siguientes:

(a) Cuando un bateador le tira y no logra hacer contacto con su bate (strike tirándole).

(b) Cuando el bateador no le tira y cualquier parte de la pelota pasa por la zona de strike (strike cantado).

(c) Cuando sea bateada de foul y con menos de dos strikes en la cuenta del bateador.

(d) Cuando se intente toque y resulte foul.

(e) Cuando el bateador le tira pero falla, y el lanzamiento toca cualquier parte de su persona.

(f) Esté en vuelo en la zona de strike y toque al bateador.

(g) Cuando sea un foul tip.

STRIKE ZONE (Zona de strike): espacio sobre el home plate, cuyo límite superior está constituido por una línea horizontal ubicada en el punto medio del hombro y la parte superior del pantalón del uniforme del bateador, y cuyo límite inferior es una línea horizontal a nivel de la corva de la rodilla. La zona de strike se determinará con base en la postura de bateo mientras el bateador se prepara para tirarle a la pelota lanzada.

SUSPENDED GAME (Juego suspendido): juego que se suspende para ser completado en fecha posterior.

TAG (Tocada): la acción de un fildeador de tocar una base con su cuerpo mientras mantiene agarrada la pelota en forma segura y firme en su mano o su guante; o cuando toca un corredor con la pelota, o con su mano o guante donde tenga la pelota retenida en forma firme y segura.

THROW (Tiro): acto de impulsar la pelota con la mano y el brazo hacia un objetivo determinado y debe diferenciarse siempre de un lanzamiento efectuado por el pitcher.

TIE GAME (Juego empatado): juego legalmente terminado, en el cual ambos equipos tienen igual número de carreras anotadas.

TIME (Tiempo): anuncio que hace un árbitro (umpire) para interrumpir el juego y durante dicho lapso la pelota queda muerta.

TOUCH (Tropezar): tropezar a un jugador o a un árbitro significa hacerlo con cualquier parte de su cuerpo o indumentaria.

TRIPLE PLAY (Triple matanza o triple out): jugada efectuada por la defensiva, en la cual tres jugadores a la ofensiva son puestos out (fuera) legalmente, como resultado de una acción continua, siempre y cuando no se haya producido error entre outs sucesivos.

WILD PITCH (Lanzamiento errático o wild): pelota que lanzada por el pitcher (lanzador) resulta muy alta, muy baja o muy separada del home plate y que no pueda ser retenida mediante el esfuerzo ordinario (natural) del receptor (catcher).

WIND UP POSITION (Posición de impulso): una de las dos posiciones legales que puede utilizar el pitcher para hacer sus lanzamientos.

3.00 PASOS PRELIMINARES AL JUEGO

3.01 Antes del comienzo de un juego el árbitro deberá:

(a) Exigir un estricto cumplimiento de las reglas relativas a los implementos de juego y equipamiento de los jugadores.

(b) Asegurarse de que todas las líneas de juego (líneas continuas de los diagramas 1 y 2) estén marcada con cal, u otro material blanco de tal manera que sea fácilmente distinguibles tanto del suelo como de la grama.

(c) Recibir del club de la casa ('home club') un lote de pelotas reglamentarias; su número y marca se determinan por el presidente de la liga. Cada pelota deberá estar contenida en un empaque sellado que esté firmado por el presidente de la liga, no pudiéndose romper el sello sino justo antes de iniciar el juego, cuando el 'umpire' abrirá cada paquete a fin de inspeccionar la pelota y removerle su brillo propio. El 'umpire' será el único juez que podrá decidir sobre la ideoneidad de las pelotas a ser utilizadas en el juego.

(d) Asegurarse de que el equipo de casa ('home club') tenga disponible, al menos, una docena de pelotas re-

51

glamentarias de reserva, que puedan ser utilizadas de inmediato en caso de ser necesario.

(e) Tener en su poder al menos dos pelotas alternas, y deberá exigir que le sean suplidas dichas pelotas de repuesto a ser requeridas durante el desarrollo del juego cuando:

(1) Una pelota sea bateada fuera del terreno de juego o caiga dentro del área del público.

(2) Una pelota se torne descolorida o no apta para ser utilizada.

(3) El lanzador (pitcher) pida cambio de pelota.

El 'umpire' no entregará una pelota de repuesto al lanzador hasta tanto no haya finalizado la jugada y la pelota que estaba en juego quede muerta. Después que una pelota lanzada o bateada haya salido fuera del terreno de juego, no se deberá reanudar el juego con una pelota de repuesto hasta tanto los corredores hayan llegado a las respectivas bases a las que tenían derecho, antes de la ocurrencia del hecho. Después de que sea bateado un jonrón (home run) fuera del terreno de juego, el 'umpire' no le entregará una pelota nueva al lanzador o al receptor hasta tanto el bateador que conectó el jonrón haya llegado al plato (home plate).

3.02 No se permitirá que ningún jugador decolore o dañe intencionalmente una pelota frotándola con tierra, resina, parafina, lija, esmeril u otra sustancia extraña.

Sanción: el 'umpire' pedirá la pelota y expulsará del juego al infractor. En caso de que el 'umpire' no pueda

localizar al infractor, y si el lanzador tira la pelota descolorida o dañada al bateador, el umpire expulsará del
juego al lanzador y será automáticamente suspendido
por diez días.

3.03 Uno o más jugadores pueden ser sustituidos durante un juego en cualquier momento en que la pelota
se encuentre muerta. El jugador suplente bateará en el
lugar correspondiente a la del jugador a quien remplaza,
en el orden de bateo (line up) de su equipo. Una vez
que un jugador haya salido del juego no podrá volver a
entrar. Si un suplente entra a un juego en lugar de un
jugador-mánager, el mánager puede de ahí en adelante
ir a las líneas de 'coach' ('coaching lines') si así lo
deseare.

Cuando uno o más jugadores suplentes del equipo de la
defensiva entran a un juego al mismo tiempo, el mánager
deberá indicarle al umpire, antes de que dichos jugadores tomen su posición en la defensiva, el turno que les
tocará en el orden de bateo y el 'chief umpire' (árbitro
principal) debe notificárselo al anotador oficial. Si tal
información no le fuere dada al 'chief umpire', éste tendrá la autoridad para designarle el turno de bateo de los
suplentes.

Un lanzador puede ser cambiado a jugar otra posición
a la defensiva, sólo una vez en un mismo inning; el lanzador no podrá asumir otra posición distinta a la del
pitcher más de una vez en el mismo inning.

A cualquier jugador distinto del pitcher que entre a sustituir a otro que se haya lesionado se le permitirán cin-

EL BATEADOR
a. Formas correctas de agarrar el bate.
b. Posición del bateador al momento de prepararse para batear, y su situación en el cajón de bateo.

co lanzamientos de calentamiento (ver regla 8.03, para los pitchers).

3.04 Un jugador cuyo nombre aparezca en el orden de bateo (line-up) de su equipo no podrá actuar como corredor suplente de otro miembro de su equipo.

Esta regla tiene por objeto eliminar la práctica de utilizar los llamados corredores de cortesía. No se le permitirá a ningún jugador que esté en el juego y que haya sido sacado por un suplente que pueda regresar al juego en calidad de corredor de cortesía. Cualquier jugador que no esté en el orden de bateo (line up), de ser utilizado como corredor, será considerado como un jugador suplente.

3.05 (a) El lanzador ('pitcher') que esté en el orden de bateo (line-up) que se le entrega al 'chief umpire', como está previsto en las reglas 4.01 (a) y 4.01 (b), deberá lanzarle al primer bateador o cualquier bateador sustituto hasta tanto dicho bateador sea puesto 'out' o llegue a la primera base, a menos que el lanzador sufra una lesión o indisposición física, que a juicio del 'chief umpire' lo incapacite para lanzar.

(b) Si el lanzador es cambiado, el lanzador suplente le tendrá que lanzar al bateador que esté consumiendo su turno al bate, o cualquier bateador sustituto hasta tanto dicho bateador sea puesto 'out' o llegue a la primera base, a menos que el lanzador suplente sufra una lesión o indisposición física, que a juicio del 'chief umpire' lo incapacite para lanzar.

(c) En el caso de que se haga una sustitución incorrecta del lanzador, el umpire ordenará al lanzador sustituido que regrese al juego hasta tanto sean cumplidas las provisiones de esta regla.

En el caso de que se le permitiera al lanzador incorrecto, cualquier jugada que resultare será considerada como legal. El lanzador incorrecto se transforma en el lanzador correcto tan pronto como haga su primer lanzamiento al bateador, o tan pronto como cualquier jugador sea puesto out.

Si un mánager intenta sacar a un lanzador violando la regla 3.05 (c), el umpire le notificará al mánager del club ofensor que dicha acción no procede. Si por cualquier circunstancia o equivocación, el umpire haya anunciado al lanzador incorrecto entrante, aún así deberá corregir la situación antes de que el lanzador incorrecto actúe; una vez que el lanzador incorrecto haga su primer lanzamiento se convierte en el lanzador correcto.

3.06 El mánager notificará inmediatamente al árbitro (umpire) principal cualquier situación, y le informará el lugar que va ocupar en la alineación.

Aquellos jugadores que hayan sido sustituidos pueden permanecer con sus equipos en el banco o podrán recibirle a los pitchers cuando éstos estén calentando. Si un mánager entra a jugar como sustituto de otro jugador, podrá seguir dirigiendo al equipo desde el banco o desde la caja de coach. Los árbitros no permitirán que los jugadores que hayan sido sustituidos, y a los cuales se les permite permanecer en el banco o dugout, se diri-

jan verbalmente haciéndole comentarios o burlas a ningún jugador o mánager del equipo contrario, ni a los
árbitros.

3.07 El árbitro principal, después de haber sido notificado, inmediatamente anunciará cada sustitución efectuada.

3.08 (a) Cuando una sustitución no haya sido anun-
ciada, los jugadores sustitutos se considerarán que han
entrado al juego cuando:

(1) Si es un pitcher (lanzador) cuando ocupe su posición en el plato del pitcheo (pitcher's plate).

(2) Si es un bateador, cuando ocupe su posición en el
cajón de bateo.

(3) Si es un fildeador, cuando ocupe la posición usual
del fildeador a quien haya sustituido.

(4) Si es un corredor, cuando tome la posición del corredor a quien haya sustituido.

(b) Cualquier jugada realizada por o sobre un jugador
sustituido, aun cuando no haya sido anunciado, se considera legal.

3.09 Ningún jugador uniformado podrá dirigirse a los
espectadores, mezclarse con los mismos u ocupar asien-
tos en la tribuna, durante el transcurso, o después de
un juego. Ningún mánager, coach o jugador podrá dirigirse verbalmente a los espectadores antes o después
del juego. Los jugadores de ambos equipos no deberán
confraternizar, en ningún momento mientras se encuentren uniformados.

3.10 (a) Solamente el mánager del equipo de casa (home club) será quien juzgue las condiciones tanto del tiempo como del terreno antes de comenzar un juego, excepto para el segundo de un Doble juego (double header).

Excepción: cualquier liga podrá autorizar en forma permanente a su presidente para suspender la aplicación de esta regla, en su liga, durante las semanas finales del campeonato, con el objeto de asegurar que el respaldo del mismo se decida por sus propios méritos. Cuando la proposición y eventual suspensión definitiva del juego en las series finales entre dos equipos, pueda afectar la posición final de cualquier otro equipo de la liga, el presidente, por apelación de cualquier club de la liga, podrá asumir la autoridad otorgada por esta regla al mánager del equipo de casa (home club).

(b) El árbitro principal del primer juego, de una doble tanda (double leader), será el único competente para decidir si el terreno está apto o reúne las condiciones para el segundo.

(c) El árbitro principal será el único que podrá juzgar a fin de determinar si y cuándo un juego debe ser suspendido como resultado del mal tiempo o de las malas condiciones del terreno, y sobre cuándo y dónde se vaya a reiniciar después de la suspensión, y acerca de si y cuándo un juego deba darse por terminado después de ser temporalmente suspendido. No deberá confiscar el juego (called game) hasta tanto hayan transcurrido al menos treinta minutos después de haberse suspendido.

Podrá continuar la suspensión después de transcurrido ese lapso, si el árbitro principal considera que existe una posibilidad de reanudar el juego.

El árbitro tratará siempre de que el juego se complete. Su autoridad para reanudarlo después de una o más suspensiones de hasta 30 minutos cada una es absoluta, y deberá terminar el juego sólo cuando considere que no hay posibilidad de completarlo.

3.11 Entre los juegos de una doble tanda (double header) o después de haber sido suspendido un juego por causa de las malas condiciones en que se encuentre el campo, el árbitro principal ejercerá el control del encargado del mantenimiento del terreno y de sus ayudantes con el fin de poner el terreno en buenas condiciones para jugar.

Penalidad: por la violación de esta regla el árbitro principal puede declarar el juego confiscado (called game) a favor del equipo visitante.

3.12 Cuando el árbitro suspende el juego por cualquier causa legal, el árbitro principal anunciará Time (Tiempo). Cuando anuncia 'Play' cesará la suspensión y el juego se reanuda. En el lapso comprendido entre los anuncios de 'Time' y 'Play' la bola quedará muerta.

3.13 El mánager del equipo de casa (home club) informará al árbitro principal y mánager del equipo contrario cualquier regla de terreno que considere necesaria, con relación al posible desborde de los espectadores al campo de juego, o de las pelotas bateadas o lanzadas

ZONA DE STRIKE: es el espacio sobre el home, comprendido entre las axilas (sobacos) y la parte superior de las rodillas del bateador.

BOLA: es un lanzamiento que no pasa por encima del home durante su vuelo y al cual el bateador no trata de batear.

TÉCNICAS PARA BATEAR:

1. *Bateando hacia arriba.* Este swing requiere un tiempo perfecto, porque se tiene que hacer contacto con la bola en un solo lugar.

2. *Swing horizontal.* Permite hacer contacto con la bola con mayor seguridad.

3. *Para batear hacia cualquier parte del campo.* La dirección de la bola la determinará el ángulo del bate y el lugar donde se haga contacto con ella.

dentro del público, o cualquier otra contingencia. Si dichas reglas de terreno resultan aceptables para el mánager contrario se consideran legales. Por el contrario, si dichas reglas de terreno resultaren inaceptables para el mánager contrario, el árbitro principal fijará y hará cumplir cualquier regla de terreno especial que considere necesaria por las condiciones del campo de juego, siempre y cuando no afecten las reglas de juego oficiales.

3.14 Los integrantes del club a la defensiva deberán llevar consigo fuera del terreno de juego, sus guantes y otros implementos hasta el dugout correspondiente mientras su equipo permanezca al bate. No deberá dejarse objeto alguno en el terreno, ni territorio de fair (válido) o de foul (no válido).

3.15 No se permitirá a persona alguna estar en ninguna parte del terreno de juego durante el transcurso del mismo, con excepción de los jugadores y coaches uniformados, mánagers, fotógrafos de prensa autorizados por el equipo de casa (home team), árbitros, agentes de orden público uniformados, guardias u otros empleados del equipo local; en caso de interferencia a una jugada de carácter no intencional (involuntaria) cometida por cualquiera de las personas autorizadas para permanecer en el terreno (con excepción de los miembros del equipo ofensivo que estén participando legalmente en el juego, o de un coach en la caja de coach o un árbitro), la pelota permanece viva y en juego. Si la interferencia fuere intencional, la bola se considera muerta en el momento en que ocurra la interferencia y el árbitro impondrá las sanciones que en su opinión pueda anular el acto de interferencia.

Nota: véanse las reglas 7.11, con relación a los individuos exceptuados de esta regla, y la Regla 7.08 (8b).

La pregunta de si una interferencia es intencional o involuntaria (no intencional) debe decidirse con base en la acción realizada por la persona que la ejecuta. Por ejemplo, un bat boy (recoge bates), un agente de policía, etc. que trata de evitar o evadir ser golpeado por una pelota bateada o lanzada y que, no obstante ello, es alcanzado por la pelota, estaría comprendida entre las interferencias involuntarias (no intencional). Si, por el contrario, la persona involucrada tira una patada a la pelota, o la recoge o empuja, se considera como una interferencia intencional, sin tomar en consideración lo que dicha persona haya pensado.

Ejemplo de jugada: el bateador produce un rolling por el campo corto, quien fildea la pelota pero lanza mal, rebasando al jugador de la primera base. El coach de primera del equipo ofensivo, para evitar ser golpeado por la pelota, se tira al suelo y el jugador de la primera al correr a buscar la pelota mal lanzada se tropieza con el coach; el bateador corredor finalmente alcanza la tercera base.

La pregunta sería si el árbitro debería o no decretar una interferencia por parte del coach. Esto dependería del criterio de lo que considere el árbitro y si éste apreció que el coach hizo todo lo que pudo para evitar interferir con la jugada, no habría interferencia. Por el contrario, si el umpire aprecia que el coach estaba evidentemente tratando de simular que no quería interferir, el umpire sí debe decretar la interferencia.

3.16 Cuando se produzca una interferencia por parte de un espectador ante cualquier pelota bateada o lanzada, la bola se declara muerta en el momento en que ésta se produce y el árbitro impondrá las sanciones que considere puedan anular el acto de interferencia.

Reglamentación aprobada: Si la interferencia de un espectador impide claramente a un fildeador atrapar una pelota elevada (fly ball), el umpire declarará out al bateador.

Existe una diferencia entre una pelota bateada o lanzada que caiga en las tribunas y que toque a un espectador, y por lo tanto fuera de juego, aun cuando ésta rebote y se devuelva al terreno, comparado con el caso de un espectador que entre al terreno de juego o que extienda su brazo por debajo o a través de una barrera y toca la pelota en juego o al jugador o que de cualquier otra forma interfiera con éste.

En el último caso resulta claramente intencional y deberá decretarse interferencia intencional como en la Regla 3.15, tanto el bateador como los corredores se colocarán en la base que a juicio del árbitro hubieran alcanzado de no haber ocurrido la interferencia.

No se decretará interferencia en el caso de que un fildeador se extienda sobre una cerca, baranda, mecate o dentro de una tribuna para atrapar una pelota, esto lo hace a su propio riesgo; sin embargo, en el caso de que un espectador se extienda hacia el lado del campo de juego de tales cercas, barandas o mecates, y claramente impida al fildeador que atrape la pelota, deberá entonces declarar out al bateador debido a la interferencia del espectador.

Ejemplo: corredor en tercera con un out, el bateador conecta un elevado (fly) profundo (fair o foul) a los jardines. Un espectador interfiere claramente al jardinero intentando atrapar la pelota. El umpire decreta al bateador out debido a interferencia del espectador. Al hacerse el pronunciamiento la pelota queda muerta. Sin embargo, el umpire aprecia que debido a la distancia tan profunda que llevaba el batazo, el corredor de la tercera hubiera anotado al pisicorre, aun cuando la pelota que fue interferida hubiera sido atrapada y por lo tanto al corredor se le permite anotar en carrera. Tal vez esto no hubiera sido el caso si el elevado fuera interferido a una distancia más corta del home plate.

3.17 Todos los jugadores regulares y sustitutos de ambos equipos permanecerán en sus respectivos bancos o dugout, a menos que realmente estén participando en el juego o se estén preparando para entrar en él, o estén dirigiendo en las cajas de coach de primera y tercera base. Ninguna persona, con excepción de los jugadores, sustitutos, mánagers, coaches, entrenadores y recogedores de bates podrán ocupar un banco durante el desarrollo de un juego.

Penalidad: por la violación de esta regla el árbitro, después de hacer la correspondiente amonestación, podrá expulsar del terreno al infractor.

A los jugadores que se encuentren en la lista de incapacitados (lesionados) se les permite participar en las actividades previas al juego y sentarse en la banca durante el juego, pero no podrán tomar parte en actividad alguna durante el juego, tales como calentar a un pitcher, hacer señas o comentarios desde el banco, etc. A los jugadores incapacitados no se les permitirá entrar a la superficie del terreno en ningún momento para propósito alguno durante el desarrollo del juego.

3.18 El equipo de casa (home club) está obligado a proporcionar protección policial suficiente para preservar el orden. Si una o más personas se introducen en el campo de juego durante un juego e interfieren en cualquier forma con el desarrollo del mismo, el equipo visitante puede negarse a seguir jugando hasta tanto se despeje el terreno.

Penalidad: si no se despeja el terreno en un lapso de tiempo razonable, que nunca será inferior a quince minutos después de que el equipo visitante se haya negado a seguir jugando, el umpire puede decretar ganado por forfeit a favor del equipo visitante (Juego confiscado a favor del equipo visitante).

4.00 COMIENZO Y FINALIZACIÓN DE UN JUEGO

4.01 A menos que el club local (home club) haya notificado por anticipado que el juego ha sido diferido o retrasado su inicio, el árbitro principal y sus auxiliares entrarán al terreno de juego con cinco minutos de anticipación a la hora programada para su comienzo y proseguirán a la hora programada para su comienzo y proseguirán directamente hasta el home plate, donde deberán ser recibidos por los mánagers de los respectivos equipos. Se seguirá el siguiente orden:

(a) En primer lugar el mánager del equipo local (home club) entregará al árbitro principal, por duplicado, su orden de bateo (alineación).

(b) En seguida el mánager del equipo visitador entregará su alineación, también por duplicado.

(c) El árbitro principal debe cerciorarse de que los originales y copias de las respectivas alineaciones sean idénticas, y luego entregará el correspondiente duplicado al mánager contrario. La copia retenida por el árbitro se considerará como el orden de bateo (alineación) oficial. Después de esto no se harán sustituciones por parte de los mánagers, a excepción de lo dispuesto en estás reglas.

(d) Tan pronto como el local (home club) entrega su alineación, los árbitros se hacen cargo del terreno de juego y a partir de ese momento tendrán la autoridad absoluta para determinar cuándo debe comenzar, suspender o reanudar el juego debido al tiempo o a las condiciones del terreno de juego.

Cuando el árbitro principal detecte errores evidentes en las alineaciones antes de que haya cantado 'Play' para comenzar un juego, debe notificárselo al mánager o al capitán del equipo que haya cometido el error, a fin de que éste pueda hacer la corrección respectiva antes de iniciarse el juego. Por ejemplo, si un mánager sin darse cuenta anotó sólo ocho jugadores en la alineación entregada, o si anotó a dos jugadores con él mismo apellido pero sin identificar la inicial de su nombre de pila, y el umpire se da cuenta antes de dictar la voz de 'play', exigirá que se hagan las correspondientes correcciones antes de iniciar el juego. No se deberá intentar atrapar a un equipo en un error que puede ser corregido antes de comenzar el juego.

4.02 Los jugadores del equipo local (home club) ocuparán sus posiciones a la defensiva, el primer bateador del equipo visitador ocupará su posición en el cajón del bateador, el árbitro principal dará la voz de 'play' y el juego se iniciará.

4.03 Al ponerse la pelota en juego al comienzo, o durante el transcurso del juego, todos los jugadores a la defensiva (fildeadores) deberán estar colocados en territorio fair, a excepción del receptor (catcher).

(a) El receptor se colocará directamente detrás del home plate. Podrá abandonar su posición en cualquier momento para atrapar un lanzamiento o para ejecutar una jugada, excepto cuando se le esté dando una base por bolas intencional, en cuyo caso el catcher deberá permanecer con ambos pies dentro de las líneas de la caja del catcher hasta tanto la pelota salga de la mano del lanzador (pitcher).

Penalidad: se decreta 'Balk'.

(b) El lanzador (pitcher) mientras está realizando el acto de lanzar la pelota al bateador, deberá ocupar su posición.

(c) A excepción del lanzador (pitcher) y del receptor (catcher), cualquier jugador a la defensiva (fildeador) podrá ubicarse en cualquier lugar del territorio fair.

(d) Con excepción del bateador, o de un corredor que esté tratando de anotar en carrera, ningún jugador de la ofensiva podrá ocupar las líneas del catcher cuando la pelota esté en juego.

4.04 El orden al bate (alineación) de cada jugador debe ser seguido durante todo el juego a menos que un jugador sea sustituido por otro, en cuyo caso el sustituto deberá ocupar el lugar en la alineación del jugador sustituido.

4.05 (a) El equipo a la ofensiva deberá situar dos coachs en el campo durante su lapso al bate, uno cercano a la primera base y otro cercano a la tercera base.

(b) el número de coachs de bases estará limitado a dos y deberán (1) tener puesto el uniforme de su equipo, y (2) permanecer todo el tiempo dentro de la caja de coach.

Penalidad: el coach de base que infrinja esta regla será expulsado del terreno.

Por muchos años se ha convertido en una práctica común que algunos coachs ponen un pie fuera de la caja de coach o se colocan totalmente fuera de ella. En estos casos no se considerará que el coach esté fuera de la caja a menos que el mánager contrario presente una queja, en cuyo caso el árbitro hará cumplir estrictamente la regla y exigirá a todos los coachs (de ambos equipos) que permanezcan dentro de la caja de coach en todo momento.

También es común que el coach en cuya proximidad se produce una jugada, se sale de la caja para indicar al que se deslice (slide), avance o retorne a la base. Esto puede permitirse siempre y cuando el coach no interfiera en la jugada de manera alguna.

4.06 (a) Ningún mánager, jugador, sustituto, coach, entrenador y cargabates, en ningún momento, sea desde el banco, la caja de coach, terreno u otro podrá:

(1) Incitar, o intentar incitar, de palabra o gesto, a que los espectadores realicen demostraciones.

(2) Usar palabras impropias que de alguna manera vayan en detrimento de los jugadores contrarios, un árbitro o un espectador.

(3) Pedir tiempo (time) o proferir cualquier palabra o frase, o ejecutar acciones, con el deliberado propósito de inducir al pitcher a que cometa balk.

(4) Hacer contacto con el árbitro (umpire), de cualquier forma.

(b) Ningún jugador a la defensiva (fildeador) podrá situarse en las líneas de visión del bateador con el propósito, poco deportivo, de distraer al bateador.

Penalidad: el infractor será expulsado del juego y del terreno y si comete balk, éste será anulado.

4.07 Cuando se expulse del juego a un mánager, jugador, coach o entrenador, deberá abandonar el campo inmediatamente y no podrá más tomar parte en el juego. Este deberá permanecer en el vestuario (club home) o cambiarse de calle y luego podrá tomar asiento en las gradas bien alejadas de la vecindad del banco y del bullpen de su equipo u optar por irse del estadio.

Si un mánager, coach o jugador está suspendido no podrá estar en el dugout o en el palco de prensa durante el curso de un juego.

4.08 Cuando los ocupantes de un banco de jugadores (dugout) muestren en forma violenta su desacuerdo con una decisión de un árbitro (umpire), éste debe en primer lugar advertirles que deben cesar en este tipo de protesta. Si persisten en su acción se hará lo siguiente:

Penalidad: el árbitro ordenará a los infractores que abandonen el banco y se dirijan al vestuario (club home). En caso de que el árbitro no pueda detectar al ofensor, u ofensores, podrá expulsar del banco a todos los jugadores sustituidos. El mánager del equipo infractor tendrá, sin embargo, el privilegio de mandar a traer al campo de juego solamente a aquellos jugadores realmente requeridos para hacer las respectivas sustituciones en el juego.

4.09 Cómo anota las carreras un equipo

(a) Se anotará una carrera cada vez que un corredor de bases legalmente avance y pise (toque) la primera, segunda, tercera base y el home plate, antes de que tres hombres hayan sido puestos out para terminar el inning. No se anotará carrera si el corredor avanza al home durante una jugada en la cual se realiza un tercer out: (1) por el bateador-corredor antes de llegar a primera base, (2) por cualquier corredor que sea out forzado, o (3) por un corredor que lo preceda que sea declarado out por no haber pisado alguna de las bases.

(b) Cuando la carrera de la ventaja se anote en la segunda mitad de un inning adicional de un juego extra, ya sea como resultado de una base por bolas de un bateador golpeado por el pitcher o cualquier otra jugada con las bases llenas, que obliguen al corredor de tercera avanzar, el umpire no declarará que ha terminado el juego hasta tanto el corredor que está obligado a avanzar desde la tercera pise el home plate y el bateador-corredor pise también la primera base.

Se hará una excepción en el caso de que los fanáticos se lancen sobre el terreno y que físicamente impidan al corredor que toque el home plate, o al bateador que pise la primera base. En estos casos los árbitros le otorgarán la base al corredor debido a la obstrucción de los fanáticos.

Penalidad: si el corredor de tercera rehúsa (se niega) a avanzar y tocar el home plate en un tiempo razonable, el umpire denegará la carrera, declarará out al jugador infractor y ordenará la continuación del juego. Igualmente si habiendo dos outs, el bateador-corredor se niega a avanzar y tocar la primera base, el umpire denegará la carrera y ordenará la continuación del juego. En el caso de que hubiese menos de dos outs, y el bateador-corredor se niegue a avanzar y tocar la primera base, la carrera es válida, pero el jugador infractor será declarado out.

Reglamentación aprobada: no se anotará carrera durante una jugada en la cual el tercer out se ejecuta antes de que el bateador-corredor toque (pise) la primera base.

Ejemplo: un out, Jones está en segunda y Smith en primera. El bateador Brown la conecta de hit, Jones anota en carrera. Smith es out con el tiro al home plate. Hay por lo tanto dos outs. Pero Brown dejó de pisar la primera. La pelota es lanzada a la primera, y el equipo defensivo hace una apelación y Brown es declarado out. Hay tres outs. Como Jones cruzó (pisó) el plato durante una jugada en la cual se ejecutó el tercer out sobre el bateador-corredor antes de que éste tocará (pisara) la primera base, la carrera de Jones no es válida.

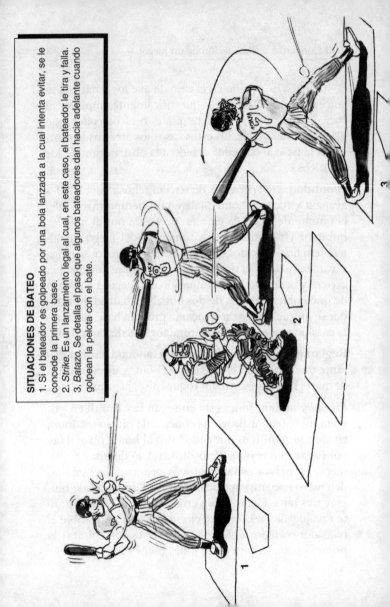

SITUACIONES DE BATEO

1. Si el bateador es golpeado por una bola lanzada a la cual intenta evitar, se le concede la primera base.

2. *Strike*. Es un lanzamiento legal al cual, en este caso, el bateador le tira y falla.

3. *Batazo*. Se detalla el paso que algunos bateadores dan hacia adelante cuando golpean la pelota con el bate.

Reglamentación aprobada: los siguientes corredores no quedan afectados por la acción de un corredor procedente, a menos que haya dos outs.

Ejemplo: un out, Jones está en segunda y Smith en primera, y el bateador Brown conecta de cuadrangular (home run) dentro del parque; Jones no pisa la tercera, en su recorrido hacia el home plate. Smith y Brown anotan. La defensiva mantiene la pelota en tercera, apelan al árbitro y Jones es declarado out. Las carreras anotadas por Smith y Brown son válidas.

Reglamentación aprobada: dos outs, Jones está en segunda, Smith está en primera, y el bateador Brown conecta un cuadrangular (home run) dentro del parque. Los tres corredores cruzan (pisan) el home plate. Pero Jones falló en su intento de pisar la tercera y bajo apelación es declarado out. Tanto la carrera de Jones como la de Smith son válidas. No hay anotaciones en la jugada.

Reglamentación aprobada: un out, Jones en tercera, Smith en segunda. El bateador Brown conecta elevado (fly) al centro y es out. Dos outs. Jones anota después de la atrapada (pisicorre) y Smith también anota tras un mal disparo al home plate. En jugada de apelación se declara que Jones arrancó de la tercera antes de efectuarse la atrapada por parte del jardinero central y se declara el tercer out. No hay anotaciones en la jugada.

Reglamentación aprobada: dos outs con las bases llenas, el bateador batea de cuadrangular (home run) rebasando la cerca. Bajo apelación el bateador es declarado out por haber dejado de tocar la primera base. Tres outs. Ninguna carrera es válida.

He aquí un planteamiento general: cuando un corredor falla y no toca una base, y el fildeador mantiene la pelota junto a la base no tocada, o en la originalmente ocupada por el corredor, al ser atrapado un elevado (fly), y se hace la apelación al árbitro, el corredor es out, si el árbitro acepta la apelación; todos los otros corredores podrán anotar de ser posible, cuando hay dos outs, ya que el corredor es out en el momento en que falla en tocar (pisar) la base, si la apelación es sustentada como se aplique a los siguientes corredores.

Reglamentación aprobada: un out. Jones está en tercera y Smith en primera, y Brow es out con el elevado al jardín derecho. Dos outs. Jones hace el pisicorre y anota después de la atrapada. Smith intenta regresar a la primera pero el tiro del jardinero derecho llega antes que él a la base. Tres outs. Pero Jones había anotado antes que el tiro hecho para poner out a Smith llegara a la primera base. Por consiguiente la carrera de Jones es válida. No fue una jugada de out forzado (force play).

4.10 (a) Un juego reglamentario consiste en nueve (9) innings, a menos que éste se prolongue (extienda) debido a empate en las anotaciones, o que haya sido recortado (reducido) (1) debido a que el equipo de casa (home team) no requiera jugar su mitad (segunda mitad) del noveno inning o solamente una fracción de ella, o (2) porque el árbitro (umpire) declare terminado el juego (called game).

Excepción: las ligas de la National Association pueden adoptar una regla en el caso de doble juego (double header), haciendo que uno o ambos juegos de la doble tanda tengan una duración de siete (7) innings. En estos juegos, se aplicarán al séptimo inning las mismas reglas relativas al noveno inning.

(b) Si el juego llega empatado al terminar el noveno inning completo, hasta tanto (1) cuando el equipo visitador haya anotado en total mayor número de carreras que el equipo de casa (home club) a finalizar un inning completo, o (2) cuando el equipo de casa (home club) anote su carrera del triunfo en un inning que aún no se haya completado:

(c) Si un juego es dado por terminado (called game), se considera como juego reglamentario:

(1) Si se han completado cinco innings.

(2) Cuando el equipo de casa (home club) haya anotado más carreras en cuatro innings o cuatro innings y fracción, que el equipo visitador en cinco innings completos.

(3) Si el equipo local (home club) anota una o más carreras en su mitad del quinto inning para empatar las anotaciones (score).

(d) Si ambos equipos tienen el mismo número de carreras anotadas, cuando termina el juego, el árbitro deberá declarar 'Juego Empatado' (Tie Game).

(e) Si un juego es terminado (called game) antes de convertirse en reglamentario (juego legal), el umpire deberá declarar 'No Game' (Juego Nulo).

(f) Los boletos o pases de cortesía no serán reconocidos a sus poseedores para ningún juego reglamentario o suspendido que haya llegado a progresar hasta o más allá del punto descrito en 4.10 (c).

4.11 Las anotaciones (score) de un juego reglamentario es el número total de carreras anotadas por cada equipo en el momento en que dicho juego termina.

(a) El juego termina cuando el equipo visitador completa su mitad del noveno inning, si el equipo de casa (home club) se encuentra ganando el juego.

(b) El juego termina cuando se completa el noveno inning (ambas mitades), si el equipo visitador se encuentra ganando el juego.

(c) Si el equipo local (home club) anota la carrera del triunfo en su mitad del noveno inning (o en su mitad de un extrainning originado por un empate), el juego termina inmediatamente que anote la carrera del triunfo. *Excepción:* si el último bateador de un juego conecta un cuadrangular (home run) que salga fuera del campo de juego, tanto al bateador-corredor como a los demás corredores que estén embasados se les permitirá anotar en carrera, en concordancia con las reglas para corredores en base, y el juego termina cuando el bateador-corredor toca (pisa) el home plate.

Reglamentación aprobada: el bateador conecta un cuadrangular (home run) fuera del campo para ganar el encuentro en la segunda mitad del noveno inning en un extrainning, pero es declarado out por sobrepasar a un corredor precedente. El juego termina inmediatamente que se anote la carrera del triunfo.

(d) Un juego terminado (called game) finaliza cuando el árbitro (umpire) lo declara finalizado. *Excepción:* si al juego se le declara terminado (called) mientras un inning está en progreso (durante el transcurso de un inning incompleto), el juego se convierte en un juego suspendido en cada una de las siguientes situaciones:

(1) Si el equipo visitador anota una o más carrera para empatar el encuentro y el equipo local (home club) no anota.

(2) Si e equipo visitador anota una o más carreras para irse adelante y el local (home club) no empata la anotación o recobra la ventaja.

Las ligas de la National Association podrán también adoptar las siguientes reglas para la suspensión de juegos en adición a la 4.11 (d) (1) y (2). (De ser adoptadas por una liga, la Regla 4.10 (c), (d) y (e) no sería aplicable a los juegos realizados en esa liga):

(3) El juego no se convierte en juego reglamentario (4 innings con el home club adelante, o con 5 innings empatados o con el equipo visitador adelante).

(4) Cualquier juego reglamentario que se encuentre empatado en el momento en que se detenga el juego debido al tiempo, toque de queda o cualquier otra razón.

(5) Si se suspende un juego antes de ser considerado como reglamentario (legal), y es continuado antes de

otro juego programado reglamentariamente, el juego será limitado a siete innings.

(6) Si un juego es suspendido después de ser considerado como juego reglamentario (legal), y se continúa antes de otro juego programado reglamentariamente, el juego programado (scheduled game) será de nueve innings.

Excepción: los apartes anteriores (3), (4), (5) y (6) no se aplican al último juego que esté programado entre dos equipos durante la temporada regular de campeonatos o series finales de la liga (playoffs).

Cualquier juego suspendido y no completado con anterioridad al último juego programado entre dos equipos durante la temporada de campeonato, se convierte en juego terminado (called game).

4.12 Juegos suspendidos

(a) Una liga deberá adoptar las reglas siguientes previstas para completar, en fechas futuras, juegos que hayan finalizado por cualquiera de las siguientes razones:

(1) Toques de queda impuestos por la ley.

(2) Límites de tiempo impuestos por regulaciones de la liga.

(3) Fallas en el alumbrado o mal funcionamiento de equipos mecánicos que estén bajo el control del equipo local (home club). Dichos equipos incluyen el tapado automático del campo, equipos de remoción de agua, etc.

(4) La oscuridad, cuando la ley impida que se enciendan las luces.

(5) Mal tiempo, si el juego termina cuando se encuentre un inning en progreso y antes de que éste se complete, y prevalezca una de las situaciones siguientes:

(i) El equipo visitador ha anotado una o más carreras para empatar el juego y el home club no ha anotado.

(ii) El equipo visitador ha anotado una o más carreras para tomar ventaja, y el home club no logra empatar el juego o retomar la delantera.

(b) Estos tipos de juego serán considerados como juegos suspendidos. Ningún juego que haya terminado por toque de queda impuesto por la ley, mal tiempo o límites de tiempo impuestos por la liga se considera como juego suspendido a menos que haya progresado lo suficiente para ser un juego reglamentario bajo las previsiones de la Regla 4.10. Un juego que haya sido terminado (called) de acuerdo con lo previsto en la Regla 4.12 (a), (3) o (4) será considerado como juego suspendido en cualquier momento después de haber comenzado.

Nota: el mal tiempo y otras condiciones similares 4.12 (a) (1 a 5) tendrán precedencia para determinar si un juego terminado (called game) puede considerarse como un juego suspendido. Solamente puede considerarse que un juego es suspendido si se detiene por alguna de las cinco (5) razones especificadas en la sección (a). Cualquier juego reglamentario terminado (called) debido al mal tiempo cuando las anotaciones se encuentren empatadas (a menos de que prevalezca la situación descrita en 4.12 (a)(5)(i) se consideran como juego empatado y deberá ser jugado nuevamente en toda su extensión.

(c) Un juego suspendido será reanudado y completado como se indica a continuación:

(1) Inmediatamente antes del siguiente juego sencillo programado en el calendario entre los dos equipos en el mismo terreno.

(2) Inmediatamente precediendo el primer juego de un juego doble programado entre los dos equipos en el mismo terreno, si no queda programado otro juego sencillo entre ellos en el calendario.

(3) Si fuera suspendido en la última fecha programada en el calendario entre ambos equipos en el mismo terreno, y que sea transferido y jugado en el terreno del club rival, de ser posible:

(i) inmediatamente antes del próximo juego sencillo programado, o

(ii) inmediatamente antes del primer juego de un doble juego, si aún no quedase programado un juego sencillo.

(4) Si un juego suspendido no ha sido reanudado y completado para la última fecha programa para ambos equipos, se considerará como juego terminado (called game).

(d) Un juego suspendido debe ser reanudado en el punto exacto de la suspensión del juego original. El complemento de un juego suspendido es la continuación

SECUENCIA DE BATEO
1. Esperando el lanzamiento.
2. Dando el paso corto hacia el lanzamiento.
3. Conectando la pelota.
4. Terminación del swing.

del juego original. La alineación y el orden de bateo de ambos equipos serán exactamente iguales al del momento de la suspensión, sujeto a las reglas que reglamentan las sustituciones. Cualquier jugador puede ser remplazado por otro que no haya actuado en el juego antes de la suspensión. Ningún jugador sustituido antes de la suspensión puede reincorporarse en la alineación.

Un jugador que no formaba parte del plantel del equipo cuando el juego fue suspendido puede ser usado como sustituto, aun cuando éste haya tomado el puesto de otro jugador que ya no forma parte del equipo y como si no hubiera estado elegible debido a que había sido sacado de la alineación antes de la suspensión del partido.

Si inmediatamente antes de ocurrir la suspensión del partido, se hubiera anunciado un lanzador (pitcher) suplente y éste no ha terminado de hacer el tercer out o lanzado hasta que un bateador se haya convertido en corredor, dicho lanzador, al reanudarse el juego más adelante podrá, pero no se requiere que comience la porción reanudada del juego. Sin embargo, si no comienza a lanzar después de reanudado el juego, se le considera que ha sido sustituido y no puede ser utilizado en dicho juego.

(e) Los boletos o pases por lluvia no serán reconocidos a sus poseedores para ningún juego reglamentario o suspendido que haya llegado a progresar hasta o más allá del punto de juego descrito en 4.10 (c).

4.13 Reglas que gobiernan los juegos dobles (Doubles headers)

(a) **(1)** Solamente deberá jugarse dos juegos de campeonato dentro de una misma fecha. El complemento o continuación de un juego suspendido no viola esta regla.

(2) Si dos juegos se llevan a cabo con el pago de un solo boleto en una misma fecha, el primero de dichos juegos será el juego normalmente programado para dicha fecha.

(b) Después de iniciarse el primer juego de una doble tanda (double header), dicho juego debe ser completado antes de dar inicio al segundo juego programado.

(c) El segundo juego (double header) deberá comenzar 20 minutos después de concluido el primero, a menos que el árbitro principal fije un lapso (no mayor de 30 minutos) y lo anuncie a los mánagers opositores al terminar el primer juego. *Excepción:* si el presidente de la liga aprueba una petición hecha por el club local (home club) para que se conceda un intervalo mayor entre ambos juegos debido a algún evento especial, el árbitro principal decretará el intervalo más largo, el cual se lo anunciará a ambos mánagers. El árbitro principal del primer juego será quien mida el tiempo para el control del intervalo entre los juegos.

(d) El árbitro (umpire) hará comenzar el segundo juego de una doble tanda de ser posible, y continuando hasta tanto las condiciones del terreno, las condiciones de restricción de horarios locales, o el tiempo lo permitan.

(e) Cuando un doble juego normalmente programado sufra una demora en su inicio por cualquier causa, cualquier juego que se inicie será considerado como el primero de la doble tanda.

(f) Cuando un partido que haya sido reprogramado y forma parte de un doble juego dicho partido reprogramado será el segundo, siendo el primer juego el que correspondía para ser jugado en esa fecha de acuerdo con el calendario oficial.

4.14 El árbitro principal será quien, a su juicio, ordene que se encienda el alumbrado del terreno, cuando en su opinión la oscuridad pueda hacer que el juego se torne riesgoso o peligroso para los jugadores.

4.15 Un juego puede confiscarse (forfeit) a favor del equipo contrario, cuando un equipo:

(a) no hace acto de presencia en el campo, o cuando estando presente en el terreno, se niega a comenzar el juego dentro de un plazo de cinco (5) minutos después de que el árbitro ha llamado a 'juego' (play) a la hora programada para el inicio del partido, a menos que tal demora, a juicio del árbitro, sea inevitable;

(b) utilice tácticas que tengan evidente intención de retrasar o de acortar el juego;

(c) se niegue a continuar jugando durante un partido, a menos que éste haya sido suspendido o terminado por el árbitro (umpire);

(d) deje de reanudar el partido después de una suspensión, dentro de un lapso de un (1) minuto, después de que el árbitro llamó a 'juego' (play);

(e) después de que haya sido advertido por el árbitro, deliberadamente viole cualquiera de las reglas de juego, en forma persistente;

(f) no obedezca al árbitro, cuando éste haya ordenado expulsar a un jugador del juego, dentro de un tiempo razonable;

(g) no se presente para el segundo juego de una doble tanda, en un plazo de veinte (20) minutos después de haberse terminado el primer encuentro, a menos que el árbitro de dicho primer encuentro haya anunciado la prolongación del intermedio.

4.16 Un juego será confiscado (forfeited) a favor del equipo visitante si, después de haberse suspendido, los encargados del mantenimiento del terreno no obedecen las órdenes dadas por el árbitro respecto al acondicionamiento del terreno para poder reanudar el partido.

4.17 Un juego será confiscado (forfeited) a favor del equipo contrario cuando el otro no pueda o se niegue a colocar nueve (9) jugadores en el terreno de juego.

4.18 Si el árbitro decreta confiscado (forfeited) un juego, deberá presentar un informe por escrito al presidente de la liga en un plazo de veinticuatro (24) horas, sin embargo la falta de presentarlo no afectará la decisión inicial sobre la confiscación (forfeited).

4.19 Juegos protestados

Cada liga adoptará las reglas que han de regir el procedimiento para protestar un juego, cuando un mánager
alegue que la decisión de un árbitro viola aquéllas. No
se permitirá ninguna protesta sobre decisiones hechas a
juicio o criterio del árbitro. En todos los juegos protes-
tados la decisión final la tendrá el presidente de la liga.
Aun cuando el presidente de la liga sentencie que la
decisión fue violatoria de las reglas, no ordenará la re-
petición del encuentro, a menos que éste considere que
la violación en cuestión afecte al equipo que proteste su
oportunidad de ganar en el encuentro.

Cuando un mánager protesta un juego alegando la incorrecta aplicación de las reglas, no se reconocerá dicha
protesta como tal, hasta que se les notifique a los árbitros al momento en que se lleve a cabo la jugada protestada y antes de que se ejecute el próximo lanzamiento
(pitch) o si el corredor es retirado (puesto out). Cuando una protesta surja por una jugada que finalice el encuentro, puede presentarse hasta el mediodía (12 m.)
del día siguiente al encuentro, en las oficinas de la liga.

5.00 PUESTA EN JUEGO DE LA PELOTA. BOLA VIVA

5.01 A la hora señalada para comenzar el juego el árbitro llamará a play (juego).

5.02 Después de que el árbitro llame a juego (play), la bola estará viva y en juego, y permanecerá como tal hasta que por alguna causa legal o cuando el árbitro decrete 'Tiempo' (Time) se suspenda momentáneamente el partido, y la pelota quede muerta. Mientras la pelota esté muerta, no se podrá declarar 'out' a ningún jugador, no se pondrá correr las bases y no se podrá anotar carreras, a excepción de que los corredores puedan avanzar una o más bases como resultado de actos ocurridos mientras la pelota estaba viva (tales como, pero limitados a un 'balk'; un mal tiro, interferencia, o un cuadrangular (home run)) o cualquier otra pelota bateada que hubiera salido del campo de juego.

Si una pelota se llegara a desintegrar parcialmente en el aire, estará en juego hasta que se complete la jugada respectiva.

5.03 El pitcher lanzará la pelota al bateador, quien tratará de conectarla o simplemente dejarla pasar, a su elección.

5.04 El objetivo del equipo al bate (a la ofensiva) es convertir al bateador en corredor de bases, y que los corredores de base avancen.

5.05 El objetivo del equipo a la defensiva será no permitir que los jugadores a la ofensiva se conviertan en corredores de base y evitar su posterior avance.

5.06 Cuando un bateador se convierte en corredor de bases y toca legalmente todas las bases, anotará una carrera para su equipo.

Una carrera legalmente anotada no podrá anularse debido a la acción posterior que pudiere realizar el corredor, tal como, pero no limitante, cuando realice un esfuerzo de retornar a la tercera base en la creencia de que hubiera abandonado dicha base antes de que el elevado (fly) hubiese sido atrapado.

5.07 Cuando tres jugadores del equipo a la ofensiva son puestos legalmente out, dicho equipo pasará a la defensiva y el equipo contrario pasará a la ofensiva.

5.08 Si una pelota tirada por un jugador, toca accidentalmente a un coach de base, o una pelota lanzada (por el pitcher) o tirada toca a un umpire, la bola queda viva y en juego. Sin embargo, si un coach interfiere con una pelota tirada, el corredor es out.

5.09 La pelota queda muerta y los corredores avanzarán y retomarán a las bases a que tengan derecho, sin que puedan ser puestos out, cuando:

(a) si una pelota lanzada por el pitcher, toca cualquier parte del bateador, o su vestimenta, mientras esté en su posición legal de bateo, los corredores avanzarán una base si están forzados a ello;

(b) si el árbitro del home plate interfiere con el tiro del receptor (catcher); los corredores no deberán avanzar.

Nota: la interferencia no se tomará en cuenta si el tiro del catcher pone out al corredor.

(c) si se comete un 'balk'; los corredores avanzarán (véase penalidad 8.05);

(d) si la pelota es bateada en forma ilegal, los corredores retornan a sus bases;

(e) en el caso de que una pelota en foul no sea atrapada, los corredores regresarán a sus bases. El árbitro no pondrá la pelota en juego, hasta tanto los corredores no hayan regresado a sus respectivas bases.

(f) si una pelota bateada de fair (válida) toca a un corredor de bases o a un árbitro antes de que sea alcanzada por un infielder (jugador del cuadro) incluyendo al pitcher, o toca a un árbitro antes de pasar a un infielder, que no sea el pitcher. Si una pelota fair toca a un árbitro que se encuentre trabajando dentro del cuadro interior (infield) después de que haya rebotado más allá o por encima del pitcher, es una bola muerta. Si una pelota bateada es desviada por un fildeador en territorio fair y le pega a un corredor o a un árbitro mientras aún se encuentra en movimiento y posteriormente la atrapa un infielder, no se considera como atrapada pero permanecerá en juego (viva).

TOQUE DE BOLA

El toque de bola es una habilidad ofensiva que requiere una experta manipulación del bate. Para ejecutar el toque, el bateador puede hacerlo desde la posición de bateo o girando el cuerpo para colocarse frente al lanzador. Hay varios tipos de toque de bola, según el objetivo que se quiera lograr: de sacrificio, toque para acreditarse un hit, toque llevándose la bola, toque con robo de bases, etc. Se ilustran diferentes maneras como el bateador puede pararse para ejecutar el toque.

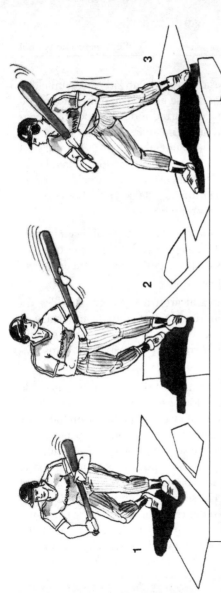

DIFERENTES CLASES DE TOQUE DE BOLA

1. *Toque empujando la bola.* El bateador trata de empujar la bola colocándola entre el lanzador y la primera base o el lanzador y la tercera base, en vez de hacerlo por las líneas.

2. *Toque llevándose la bola.* Por lo general lo realiza un bateador zurdo que trata de llevarse la bola al mismo tiempo que inicia la carrera hacia primera base.

3. *Amagar el toque y batear duro.* El bateador se coloca frente al lanzador, igual como lo haría para tocar la bola. Cuando el lanzador suelta la pelota, el bateador trata de conectarla por alguna de las posiciones dejadas libres por los jugadores del cuadro que han salido a buscar un toque de bola.

Si una pelota fair pasa a través o a un lado de un infielder, y toca a un corredor que se encuentre inmediatamente detrás de él, o toca a un corredor después de ser desviada por un infielder, la pelota sigue en juego (play) y el árbitro no debe declarar out al corredor. Al tomar tal decisión, el árbitro debe estar convencido de que la pelota bateada a través, o al costado, del infielder tuvo la oportunidad de hacer una jugada con ella. Los corredores avanzarán si están forzados a ello;

(g) una pelota lanzada por el pitcher se aloja en la máscara del árbitro o del receptor (catcher) o en otros atavíos pertenecientes a ellos, y permanece fuera del juego, los corredores avanzarán una base.

Si un foul tip golpea al árbitro y es atrapada por un fildeador en el rebote, la pelota queda muerta y el bateador no podrá ser declarado out; lo mismo se aplicará; si la pelota se incrusta en la máscara u otros atavíos del árbitro.

Si un tercer strike (no un foul tip) pasa al receptor y le pega al árbitro, la pelota sigue en juego (play). Si la mencionada pelota rebota y es atrapada por un fildeador antes de tocar el suelo, el bateador no es out por dicha atrapada, pero la pelota se mantiene viva y el bateador-corredor puede ser puesto out por vía de la primera base, o tocado con la pelota para hacerlo out. Si una pelota lanzada por el pitcher se incrusta en la máscara u otros atavíos del árbitro o del receptor (catcher), y permanece fuera del juego en el tercer strike o en la cuarta bola, entonces el bateador tendrá derecho a ocupar la primera base y todos los corredores avanzarán una base. Si la cuenta en el bateador es de menor de tres bolas (malas), los corredores avanzarán una base;

(h) Cualquier pelota legalmente lanzada por el pitcher toca a un corredor que intenta anotar en carrera; los corredores avanzan.

5.10 La pelota estará muerta cuando un árbitro ordene tiempo (time). El árbitro principal deberá decretar 'Tiempo' (time):

(a) Cuando a su juicio el mal tiempo, la oscuridad u otras condiciones similares hagan imposible seguir jugando.

(b) Cuando una falla de alumbrado haga difícil o imposible que los árbitros puedan observar bien el juego.

Nota: una liga puede adoptar sus propias regulaciones respecto a los juegos interrumpidos por falta del alumbrado.

(c) Cuando un accidente incapacite a un jugador o a un árbitro (1). Si un accidente sufrido por un corredor resulta tal que le impida continuar hasta la base a la cual tiene derecho, como sería el caso de un cuadrangular (home run) bateado fuera del parque, o cuando se conceda una o más base, se permitirá utilizar un corredor sustituto para completar la jugada.

(d) Cuando un mánager pide tiempo (time) para efectuar una sustitución o para efectuar una conferencia con uno de sus jugadores.

(e) Cuando un árbitro desea examinar la pelota, efectuar alguna consulta con cualquiera de los mánagers, o por causas similares.

(f) Cuando un fildeador, después de haber atrapado legalmente un elevado (fly), cayera dentro del banco de los jugadores o dentro de las tribunas, o que cayera a través de mallas o mecates sobre espectadores que se encuentren en el campo. En lo que se refiere a los corredores prevalecerá lo prescrito en la Regla 7.04(c).

Si el fildeador después de hacer la atrapada pisa el banco (dugout) pero no se cae, la pelota queda en juego y los corredores pueden avanzar a su propio riesgo.

(g) Cuando el árbitro ordena a un jugador o a cualquier otra persona para que abandone el terreno de juego.

(h) Con excepción de los casos enunciados en los párrafos (b) y (c) (1) de esta regla, ningún árbitro puede decretar tiempo (time) mientras esté desarrollándose una jugada.

5.11 Después que la pelota está muerta, el juego se reanudará cuando el lanzador ocupe su lugar en el 'pitcher's plate' con una pelota nueva o con la misma que tenía en su poder y cuando el árbitro principal llame a 'juego' (play). El árbitro del hombre dictará 'play' tan pronto como el lanzador ocupe su lugar en la caja de lanzar con la pelota en su poder.

6.00 EL BATEADOR

6.01 (a) Cada jugador del equipo a la ofensiva se convierte en bateador en el orden y lugar en que aparece su nombre, en el orden al bate de su equipo.

(b) El primer bateador de cada uno de los innings, después del primer inning, será el jugador cuyo nombre ocupe el lugar siguiente del último jugador que haya completado legalmente su turno al bate en el inning anterior.

6.02 (a) El bateador deberá ocupar su lugar en la caja del bateador con prontitud, cuando le corresponda su turno según el orden de bateo (lineup).

(b) El bateador no podrá abandonar su posición en la caja de bateador, después que el lanzador se haya situado en posición fija (set position) o haber iniciado su movimiento para lanzar (windup).

Penalidad: si el pitcher lanza la pelota el árbitro deberá cantar 'Bola' o 'Strike', según sea el caso.

El bateador que salga de la caja de bateadores lo hace a su propio riesgo de que le sea enviado un lanzamiento en strike que le sea cantado por el árbitro a menos que le haya solicitado 'Tiempo' ('time') al árbitro y éste se lo haya concedido. El bateador no tiene libertad de entrar y salirse, a voluntad, de la caja del bateador.

Una vez que un bateador toma su posición en la caja de bateador, no se le permitirá salirse de ella a fin de utilizar resinas o el trapo con alquitrán de pino, a menos que haya una demora en el juego o su acción, que a juicio del árbitro y por las condiciones atmosféricas se requiera hacer una excepción.

Los árbitros no cantarán 'Tiempo' (Time) a petición del bateador o cualquier miembro de su equipo, una vez que el lanzador haya iniciado su 'windup' o se haya situado en posición fija (set position), aun cuando el bateador alegue "polvo en sus ojos", "anteojos empañados", "no entendí la seña" ni por ninguna otra causa.

Los umpires pueden acceder a la petición de 'Tiempo' una vez que el bateador esté ubicado en la caja, pero el árbitro debe impedir que los bateadores se salgan de la caja de bateo sin razón alguna. Si los árbitros no actúan indulgentemente en este aspecto, los bateadores entenderán que estando en la caja de bateador deben permanecer dentro de ella hasta que el pitcher haga su lanzamiento.

Si una vez que el bateador se encuentre dentro de la caja, el lanzador (pitcher) se tarda demasiado y su tardanza, a juicio del árbitro, no está bien justificada, puede permitírsele al bateador salirse momentáneamente de ella.

Si el lanzador inicia su movimiento (windup) o se emplaza en su posición de lanzamiento (set position) con un corredor en base y no termina de hacer su lanzamiento, debido a la salida del bateador fuera de la caja, no se considera que se ha cometido un 'balk'. En este caso, tanto el lanzador como el bateador han infringido una regla y el árbitro cantará tiempo, y tanto el bateador como el lanzador deberán comenzar de nuevo en el punto de partida.

(c) Si el bateador se niega a tomar su posición dentro de la caja de bateo durante su turno al bate, el umpire ordenará al pitcher que ejecute el lanzamiento, y cantará 'Strike' en cada caso de tales lanzamientos. Después de cualquier lanzamiento de este tipo, el bateador puede optar por tomar su posición correcta, y se proseguirá llevarlo al conteo normal de bolas y strike, pero si no toma la posición correcta antes de cantársele tres (3) strikes, se le declarará out.

6.03 La posición legal del bateador es aquella en que tenga ambos pies dentro de la caja de bateo.

Regla aprobada: las líneas que definen la caja se considera que están dentro de ella.

6.04 El bateador habrá completado legalmente su turno al bate cuando es puesto out, o se convierta en corredor de bases.

6.05 Un bateador es out cuando:

(a) Su batazo de aire sea fair o foul (y que no sea un foul tip) sea legalmente atrapado por un fildeador.

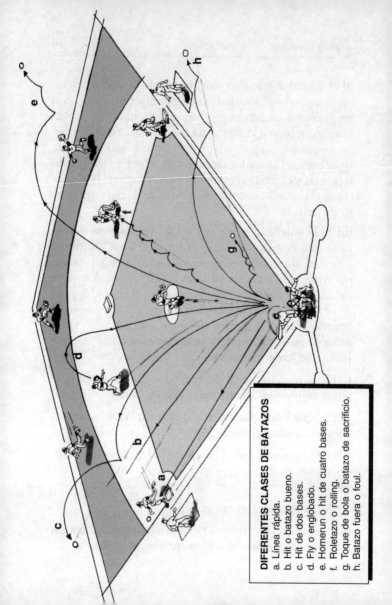

DIFERENTES CLASES DE BATAZOS

a. Línea rápida.
b. Hit o batazo bueno.
c. Hit de dos bases.
d. Fly o englobado.
e. Homerun o hit de cuatro bases.
f. Roletazo o rolling.
g. Toque de bola o batazo de sacrificio.
h. Batazo fuera o foul.

(b) El catcher ejecuta una atrapada legal en un tercer strike.

'Atrapada legal' significa que la pelota entra y es retenida dentro de la mascota del receptor (catcher) antes de que haya tocado el suelo. No será legal si la pelota se aloja en la vestimenta u otros atavíos del receptor, o si toca al árbitro y al rebotar es atrapada por el receptor.

Si un foul tip le pega a la mascota del receptor y luego pasa pero atrapada con ambas manos contra su cuerpo o protector (peto), antes de que la pelota toque el suelo, es un strike, y de tratarse de un tercer strike, el batazo es out. Si es sostenida con sus brazos contra su cuerpo o protector, se considera atrapada, siempre y cuando la pelota le hubiera pegado previamente a la mascota o a la mano del catcher.

(c) Cuando el receptor no atrapa un tercer strike, cuando la primera base se encuentra ocupada antes de que hayan dos (2) outs.

(d) Toca de foul, en un tercer strike.

(e) Se decreta un Infield Fly.

(f) Le tira a un tercer strike y la pelota toca cualquier parte de su cuerpo.

(g) Si una pelota bateada de fair, lo toca antes de tocar a un fildeador.

(h) Después de haber conectado un batazo o un toque de bola y su bate le pega nuevamente a la pelota en territorio fair. La pelota queda muerta y los corredores no avanzan. Si el bateador-corredor suelta el bate y la pelota por cualquier motivo rueda y toca en territorio fair, y a juicio del árbitro no hubo intención de interferir con la trayectoria de la pelota, la bola está viva y sigue en juego.

Si un bate se rompe y una parte de él va a territorio fair y es golpeada por la pelota bateada, y si parte de aquel golpea a un corredor o fildeador, el juego seguirá y no se declarará interferencia. Si una pelota golpea a una parte del bate roto en territorio foul, el batazo será foul (no válido). Si un bate completo es lanzado al territorio fair (válido), e interfiere a un fildeador (jugador a la defensiva) que intentaba realizar una jugada, se decretará una interferencia, hubiese o no sido intencional. En los casos donde el casco del bateador es golpeado accidentalmente por un batazo o lanzamiento, la pelota permanece en juego, como si no hubiese golpeado el casco.

Si una pelota bateada golpea el casco de un bateador o cualquier objeto extraño al terreno de juego, mientras se encuentre en territorio foul, se considera foul el batazo y la pelota queda muerta.

Si a juicio del árbitro se presenta un intento por parte de un corredor de bases de interferir a una pelota bateada o lanzada mediante la acción de dejar caer o lanzar el casco protector hacia la pelota, el corredor es out, la pelota queda muerta y los corredores deberán retornar a las respectivas bases que hayan tocado legalmente.

(i) Si después de golpear o tocar de foul desvía intencionalmente la trayectoria de la pelota, en cualquier
forma, mientras corre hacia la primera base, la pelota
queda muerta y los corredores no pueden avanzar.

(j) Si después del tercer strike o después que golpea la
pelota hacia territorio fair, la persona del bateador es
tocada con la pelota, o ésta llega a la primera base con
anterioridad al bateador.

(k) Mientras corra la última mitad de la distancia entre
el home y la primera base, y la pelota está siendo fildeada
hacia la primera base, corra fuera (a la derecha) de la
línea de tres pies (91.4 cm), o hacia adentro (a la izquierda) de la línea de foul y a juicio del árbitro al hacerlo interfiera de alguna manera con el fildeador que
esté recibiendo el lanzamiento (tiro) en la primera base;
a excepción del caso en que se le permite correr fuera
de la línea de los tres pies, para evitar interferencia a un
fildeador que intenta tomar una pelota conectada.

(l) Un infielder deja caer intencionalmente un elevado
(fly) o linietazo (line-drive), cuando estén ocupadas la
primera base, o la primera y la segunda, o están las bases llenas, antes de que hubieren dos outs, la pelota queda muerta y el corredor o corredores retornan a sus bases
originales.

Regla aprobada: en esta situación, el bateador no es
out si el infielder permite que la pelota caiga al suelo
sin tocarla, excepto cuando se aplica la Regla de Infield
Fly.

(m) Un corredor de bases que, a juicio del árbitro, interfiera con una jugada que se encuentre ejecutando un fildeador a la defensiva, tratando de atrapar o lanzar una pelota, o tratando de completar cualquier jugada.

El objeto de esta regla es penalizar al equipo a la ofensiva por la forma deliberada, injustificada y antideportiva de un corredor al salirse de la línea de base con el propósito obvio de chocar al hombre que pivotea para hacer una doble matanza (double play), en lugar de tratar de alcanzar y llegar a la base. Evidentemente que ésta sería una jugada de apreciación del árbitro.

(n) Con dos outs, un corredor en tercera base y dos strikes en el bateador, el corredor intenta robar el home al producirse un lanzamiento legal y la pelota toca al producirse un lanzamiento legal y la pelota toca al corredor en la zona de strike del bateador. El árbitro deberá cantar el tercer strike (strike three), el bateador es out y la carrera no es válida; cuando hubiese menos de dos outs, el árbitro cantará 'strike three', la bola queda muerta y la carrera es válida.

6.06 Un bateador es out por una acción ilegal, cuando:

(a) Golpea la pelota con uno o ambos pies sobre el suelo fuera de la zona de la caja de bateo.

Si un bateador golpea una pelota en fair o en foul mientras esté fuera de la caja de bateo, será cantado out. Los árbitros deberán ponerle particular atención a la posición de los pies del bateador, si éste tratase de golpear una pelota cuando esté recibiendo una base por bolas intencional. El bateador no podrá saltar o salirse de la caja de bateo y conectar la pelota.

(b) Si se pasa de una caja de bateo a otra (de zurda a derecha o viceversa) mientras el lanzador se encuentre en su posición de lanzar.

(c) Si interfiere con el receptor (catcher) cuando éste se encuentre en acción de fildear o lanzar la pelota, saliéndose de la caja de bateo o efectuando cualquier otro movimiento que estorbe la jugada del receptor (catcher) en home.

Excepción: el bateador no será out si algún corredor que esté tratando de avanzar es puesto out, o si un corredor que esté tratando de anotar carrera sea puesto out, debido a la interferencia del bateador.

Si el bateador interfiere con el receptor (catcher), el árbitro del home debe cantar la interferencia. El bateador es out y la pelota queda muerta. Ningún corredor podrá avanzar cuando ocurra este tipo de interferencia (interferencia-ofensiva), y todos los corredores deben regresar a la última base que, a juicio del árbitro, hayan tocado legalmente, en el momento de la interferencia.

Sin embargo, si el receptor realiza una jugada y el corredor que intenta avanzar es puesto out, se considera que no ocurrió una verdadera interferencia y por tanto el corredor es out y no el bateador.

Cualquiera de los otros corredores que estén en base en ese momento, pueden avanzar, ya que la reglamentación indica que no hubo una verdadera interferencia sino que un corredor fue retirado (puesto out). En tal caso el juego continúa, como si no hubiese sido cometida y cantada violación alguna.

Si un bateador le tira a la pelota y abanica tan fuertemente que su bate da una vuelta completa y, a juicio del árbitro, le pega accidentalmente (sin intención) al receptor o a la pelota que esté detrás de él al regresar su giro (backswing) antes de que el receptor haya asegurado la pelota, solamente se cantará strike (y no la interferencia). La pelota queda muerta y ningún corredor podrá avanzar.

(d) Utilice o intente utilizar un bate que, a juicio del árbitro, haya sido alterado en forma tal que se mejore el factor de distancia o que origine una propulsión inesperada de la pelota. Ello incluye los bates con relleno, superficies planas hechas mediante el limado, clavados, ahuecados, tejidos o cubiertos con sustancias como la parafina, cera, etc.

No podrá haber avances en ninguna de las bases y no se mantendrá cualquier out (outs) realizado(s) durante esa jugada. Además de que el jugador sea declarado out, también será expulsado del juego y podría estar sujeto a sanciones adicionales determinadas por el Presidente de la Liga.

6.07 Batear fuera de turno

(a) Se cantará out al bateador, cuando se haga una apelación, cuando no cumpla con batear en el turno que le corresponda, y otro bateador deberá completar el turno al bate en su lugar.

(1) El bateador correcto legal puede ocupar su sitio en la caja de bateo en cualquier momento, antes de que el bateador incorrecto (ilegal) consuma su turno y se convierta en corredor o sea puesto out, asignándosele al bateador correcto el conteo existente de bolas y strikes.

(b) Cuando un bateador incorrecto se convierta en corredor o sea puesto out, y haga una apelación al árbitro por parte del equipo defensivo, antes de ejecutarse el primer lanzamiento al siguiente bateador de cualquier equipo, o antes de cualquier jugada o intento de jugada, el árbitro deberá: (1) declarar out al bateador correcto; y (2) anular cualquier avance o anotación de carrera producida por el bateo del jugador incorrecto o por el avance del bateador incorrecto hasta la primera base producido por un incogible (hit), un error, una base por bolas, un pelotazo por el bateador u otra causa.

Nota: si un corredor avanza durante el tiempo que esté al bate un jugador incorrecto, sea por robo de base, wild pitch, o passed ball, su avance es legal.

(c) Cuando un bateador incorrecto se convierte en corredor o es puesto out, y se ejecuta un lanzamiento legal al siguiente bateador de cualquier equipo, antes de que se haga una apelación, el bateador incorrecto automáticamente se convierte en bateador correcto, y el resultado que haya tenido su turno al bate se convierte en legal.

(d)(1) Cuando el bateador correcto sea cantado out debido a que haya dejado de batear en su turno correspondiente, el siguiente bateador será aquel cuyo nombre siga al del bateador correcto que ha sido cantado out.

(2) Cuando un bateador incorrecto se convierte en bateador legal debido a que no fue presentada ninguna apelación con anterioridad al siguiente lanzamiento, el próximo bateador será aquel cuyo nombre siga al del bateador incorrecto convertido en correcto. En el instante en que se legalizan las acciones de un bateador incorrecto, el orden de bateo continuará con el nombre que siga al del bateador incorrecto legalizado.

El árbitro no llamará la atención a persona alguna señalándole la presencia, en la caja de bateo, de un bateador incorrecto. Esta regla está diseñada para requerir la constante vigilancia por parte de los jugadores y mánagers de ambos equipos.

Hay dos conceptos fundamentales a mantener en la mente, así:

Cuando un jugador batea fuera de su turno, el bateador correcto es quien es cantado out. Si un bateador incorrecto batea y llega a primera o es out, y nadie apela antes de que se haga un lanzamiento al próximo bateador, o antes de cualquier jugada o intento de jugada, se considera que el bateador incorrecto ha bateado en su turno correcto y establece el orden que se tiene que seguir.

Reglamentación aprobada

Con el fin de ilustrar varias situaciones que pueden presentarse debido al bateo fuera de turno, supongamos que la alineación establecida para el primer inning sea la siguiente:

Abel - Baker - Charles - Daniel - Edward - Frank - George - Hooker - Irwing.

Jugada (1): bateador Baker con la cuenta de 2 bolas y 1 strike, (a) El equipo ofensivo se da cuenta del error o (b) el equipo defensivo apela. *Sentencia:* en cualquera de los dos casos, Abel remplaza a Baker, con la cuenta en 2 bolas y 1 strike.

Jugada (2): Baker batea y conecta un doblete y llega a la segunda. El equipo defensivo apela (a) inmediatamente o (b) después de que se le ha hecho un lanzamiento a Charles. *Sentencia:* (a) Abel es declarado out y Baker es el bateador correcto; (b) Baker permanece en segunda y Charles es el bateador correcto.

Jugada (3): Abel recibe la base por bolas al igual de Baker. Charles hace out forzado a Baker. Edward batea en el turno de Daniel. Mientras Edward está al bate, Abel anota en carrera y Charles llega a la segunda debido a un wild pitch, Edward da un roletazo (rolling) y es puesto out, enviando a Charles hasta la tercera. El equipo defensivo hace una apelación (a) inmediatamente o después de un lanzamiento a Daniel. *Sentencia:* (a) la carrera de Abel es válida y Charles tiene derecho a la segunda base ya que sus avances no se causaron porque

EL DESLIZAMIENTO

Es una técnica que se emplea para esquivar o evitar que un jugador a la defensiva toque al corredor que trata de alcanzar una base, o para prevenir que el corredor se pase de la base que trata de ganar. El deslizamiento básico con la pierna flexionada en forma de T, del cual se ve la secuencia en esta figura, es el más seguro y apropiado; además, este deslizamiento permite al corredor levantarse rápidamente y continuar el recorrido si tiene la posibilidad de ir hacia otra base.

OTRAS CLASES DE DESLIZAMIENTO
1. Deslizamiento de gancho.
2. Deslizamiento de cabeza.
3. Deslizamiento para romper el double play.
4. Deslizamiento por detrás de la base.

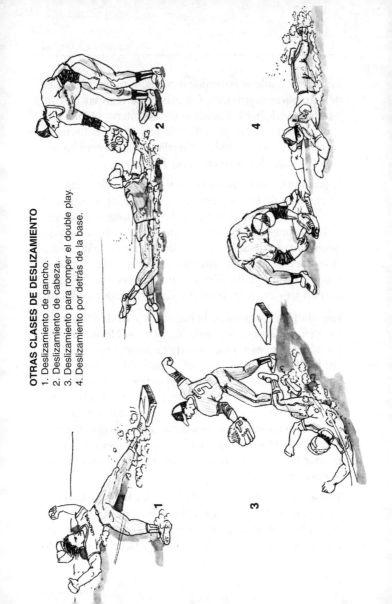

hubiere bateado el bateador incorrecto ni por el avance de éste hacia la primera. Charles debe regresar a la segunda (donde había llegado por wild pitch). Daniel será cantado out, y Edward sería el bateador correcto; (b) la carrera de Abel es válida y Charles permanecerá en tercera. El bateador correcto sería Frank.

Jugada (4): con las bases llenas y dos outs, batea Hooker en el turno de Frank y conecta un triple, anotando tres carreras. El equipo defensivo apela (a) inmediatamente a (b) después del primer lanzamiento hecho a George. *Sentencia:* (a) Frank es cantado out y no hay anotación, George sería el bateador correcto para iniciar el segundo inning; (b) Hooker permanece en tercera y anotan tres carreras. Irwing sería el bateador correcto.

Jugada (5): Después de la jugada (4) (b) descrita anteriormente, George continúa al bate: (a) Hooker es sorprendido y puesto out en tercera para el tercer out, o (b) George es puesto out por elevado (fly) y no se hace apelación alguna. ¿Quién sería el bateador correcto para abrir en el segundo inning? *Sentencia:* (a) Irwing, porque se convirtió en el bateador-corrector tan pronto como se hizo el primer lanzamiento a George, legalizó el triple de Hooker; (b) Hooker, al no haberse hecho al primer bateador del equipo contrario, legalizó el turno al bate de George.

Jugada (6): Daniel recibe la base por bolas y Abel viene a batear, Daniel era un bateador incorrecto y si se hace una apelación antes de que se haga el primer lanzamiento a Abel, éste (Abel) es out, Daniel es removido

de la base y Baker es el bateador correcto. No hay apelación y se ejecuta un lanzamiento a Abel. La base por
bolas recibida se habrá por tanto legalizado, y Edward
se convierte en el bateador correcto. Edward podrá
remplazar a Abel en cualquier momento antes de que
Abel sea puesto out o se convierta en corredor legal. No
se hace así y Abel conecta un elevado para el out y Baker
viene a batear. Abel era un bateador incorrecto (ilegal)
y se hace una apelación antes del primer lanzamiento a
Baker, Edward es out y el bateador legal sería Frank; si
no se presenta la apelación y se le hace el lanzamiento a
Baker, queda entonces legalizado el out y el bateador
correcto sería Baker, Baker recibe la base por bolas.
Charles es el bateador correcto. Charles sale out por
elevado (fly). Ahora el bateador correcto sería Daniel,
pero como éste se encuentra en la segunda base. ¿Quién
sería el bateador correcto? *Sentencia:* el bateador correcto sería Edward. Cuando el bateador correcto se
encuentra embasado, se salta su turno, y el próximo
bateador se convierte en el bateador correcto.

6.08 El bateador se convierte en corredor y tendrá derecho a la primera base sin riesgo de ser puesto out (siempre y cuando avance hacia la primera base y haga
contacto con ella), cuando:

(a) El árbitro le ha cantado cuatro bolas.

Un bateador que tenga derecho a la primera base debido a una base por bolas debe ir hacia ella y tocarla antes
de que cualquier otro corredor de bases esté forzado a
avanzar.

Esto es aplicable cuando las bases están llenas y también entra al juego un corredor sustituto.

Si al avanzar el corredor de base piensa que hay una jugada y desliza (slide) sobrepasándose de la base antes o después de tocarla, podrá ser puesto out por el fildeador si es tocado por éste. Si deja de tocar la base a la cual tiene derecho e intenta avanzar más allá de dicha base podrá ser puesto out, sea tocándolo a él o a la base que dejó de tocar.

(b) Sea tocado por un lanzamiento del pitcher, que no haya intentado batear, a menos que (1) la pelota está en la zona de strike cuando toca al bateador; o (2) el bateador no hace intento alguno para evitar ser golpeado por la pelota.

Si la pelota está en la zona de strike cuando toca al bateador, se le cantará strike, haya o no tratado de evadir la pelota. Si la pelota está fuera de la zona de strike cuando toca al bateador, se cantará 'bola' aun cuando no haya tratado de evadir la pelota.

Reglamentación aprobada: cuando es tocada (golpeada) por una pelota lanzada (pitcher ball) que no le otorgue el derecho a la primera base, la pelota está muerta y ningún corredor podrá avanzar.

(c) El receptor (catcher) o cualquier otro jugador a la defensiva (fielder) lo interfiere. Si a la interferencia le siguiera una jugada, el mánager de la ofensiva puede avisarle al árbitro de home que opta por declinar la penalidad por interferencia y aceptar la jugada. Tal opción deberá ser hecha inmediatamente de finalizar la jugada. No obstante, si el bateador llega a primera base debido a un incogible (hit), un error, una base por bolas, un bateador golpeado, o cualquier otra causa, y todos los demás corredores avanzan al menos una base, la jugada prosigue sin referirse a la interferencia.

Cuando se cante una interferencia cuando una jugada esté en progreso, el árbitro permitirá que dicha jugada continúe puesto que el mánager tendrá la opción de elegir la validez de la jugada. Si el bateador-corredor deja de tocar la primera base, o un corredor deja de hacerlo en su siguiente base a alcanzar, se considera que ha llegado (alcanzado) la base, tal como se prescribe en la nota de la Regla 7.04 (d).

Ejemplos de jugadas en las cuales el mánager puede optar por tomar:

1. Corredor en tercera, un out, el bateador conecta un elevado (fly ball) hacia los jardines, con el cual el corredor de tercera hace pisicorre y anota, pero se había cantado interferencia del catcher. El mánager ofensivo puede optar porque la carrera sea válida y el bateador sea cantado out, o dejar el corredor en la tercera y al bateador se le otorgue la primera base.

2. Corredor en segunda base. El catcher interfiere al bateador cuando éste ejecuta un toque de bola fair mediante el cual el corredor llega a la tercera. El mánager prefiere tener un corredor en tercera con un out que corredores en primera y segunda, sin out.

En situaciones donde el mánager prefiere que se penalice la interferencia, se hace la siguiente interpretación de la Regla 6.08 (c).

Si el catcher (o cualquier fildeador) interfiere con el bateador, a éste se le otorga la primera base.

Si en dicha interferencia hay un jugador que está tratando de anotar una carrera robándose el home o por un 'squeeze play', la bola queda muerta y el corredor anota, y al bateador se le otorga la primera.

Si el catcher interfiere con el bateador cuando no haya ningún corredor que esté tratando de anotar en carrera desde tercera en un 'squeeze play' o por robo del home, la bola queda muerta, y al bateador se le otorga la primera base y los corredores que están forzados a avanzar, avanzan. Los corredores que no están intentando el robo de base o que no están forzados a avanzar, permanecerán en la base que ocupan en el momento de la interferencia.

Si el catcher interfiere con el bateador antes de que el pitcher lance la pelota, no se considerará que ha ocurrido una interferencia al bateador bajo la Regla 6.08 (c). En tales casos, el árbitro contará 'Tiempo' (Time) y tanto el lanzador como el bateador comenzarán de nuevo, en las mismas condiciones existentes.

(d) Una pelota bateada de fair toca a un árbitro o a un corredor de bases, antes de tocar a un fildeador.

Si una pelota bateada de fair toca a un árbitro después de haber pasado a un fildeador, diferente, al pitcher, o haya tocado a un fildeador, incluyendo al pitcher, la bola sigue en juego.

6.09 El bateador se convierte en corredor cuando:

(a) Batea hacia territorio fair.

(b) El tercer out cantado por el árbitro no es atrapado por el receptor, siempre y cuando (1) la primera base no está ocupada o (2) la primera está ocupada pero hay dos out.

Cuando el bateador se convierte en corredor debido a que el catcher no haya atrapado un tercer strike y comienza a dirigirse hacia el diagonal, o a su posición, y entonces se da cuenta de su situación e intenta alcanzar la primera base, no será más a menos que se le toque con la pelota a él o a la primera base antes de que llegue a ésta. Sin embargo, si de hecho él alcanza a llegar al dugout o a sus escalones, no podrá entonces intentar alcanzar la primera base y será declarado out.

(c) Una pelota bateada en zona de fair, después que haya pasado a un fildeador, que no sea el lanzador (pitcher), o que habiendo sido tocado por un fildeador, incluyendo al lanzador, toque a un árbitro o a un corredor en territorio fair.

(d) Una pelota fair que pasa sobre la cerca o que caiga dentro de las gradas a una distancia del home plate mayor de 250 pies (76.20 m). Este tipo de batazo dará derecho al bateador a un cuadrangular (home run), cuando haya completado de tocar legalmente todas las bases. Una pelota fair que se salga del campo de juego en

un punto a menos de 230 pies del home plate, solamente dará derecho al bateador de llegar hasta la segunda base.

(e) Una pelota bateada de fair y que después de tocar el
suelo salte (rebote) dentro de las gradas, o pase a través, por debajo o por arriba de la cerca, o a través o por
debajo de la pizarra de anotaciones, o por debajo o a
través de un seto de plantas, dará derecho al bateador y
a los corredores para adelantar dos bases.

(f) Cualquier pelota fair, sea antes o después de haber
tocado el suelo, que pase a través de cualquier abertura
en la cerca o en la pizarra, o a través o por debajo de
setos de plantas, o que se quede pegada o se incruste en
una cerca o pizarra, dará derecho al bateador y a los
corredores a avanzar dos bases.

(g) Cualquier pelota bateada en fair que haya tocado el
terreno (rebote) y el fildeador la desvíe originando que
ésta se meta en las tribunas, o por sobre o por debajo de
una cerca en territorio fair o foul, dará derecho al
bateador y a los corredores avanzar dos bases.

(h) Cualquier pelota en elevado (fly) que sea tocada
por un fildeador y éste la desvíe y la haga saltar a las
tribunas, o sobre la cerca en territorio fair, dará derecho
al bateador de llegar a la segunda base, pero si es desviada por el fildeador y salta a las tribunas o sobre la
cerca en territorio fair, el bateador tendrá derecho a un
cuadrangular (home run). Sin embargo, si dicha pelota
en fly fuera desviada en un punto a menos de 250 pies

(76.20 m) del home plate, el bateador tendrá derecho únicamente a dos bases.

6.10 Cualquier liga tiene derecho a usar la Regla del Bateador Designado:

(a) En el caso de competencias interligas entre equipos de ligas que usen la Regla del Bateador Designado y equipos de Ligas que no usen dicha regla. La referida regla se aplicará en la forma siguiente:

(1) En Series Mundiales o en juegos de exhibición, la regla podrá ser o no usada, de acuerdo con la práctica vigente usada por el equipo local (home club).

(2) En juegos de Estrellas, sólo se utilizará la Regla del Bateador Designado si ambos equipos y ambas Ligas están de acuerdo con ello.

(b) La Regla del Bateador Designado dice lo siguiente:

Se puede usar un Bateador Designado para que batee (tome el turno al bate) por el lanzador (pitcher) abridor y cualesquiera de los subsiguientes en cualquier partido, sin que por ello se afecte el estatus del lanzador(es) en el juego. El bateador designado por el lanzador debe ser seleccionado con anterioridad al partido y debe ser incluido en las tarjetas que contienen la alineación (line up) que se entregan al Árbitro principal.

El bateador designado que aparezca en la alineación de iniciar el partido (starting line up) deberá tomar al menos un turno al bate, a menos que el equipo contrario haya efectuado un cambio de lanzadores.

No es obligatorio para un equipo designar un bateador por el lanzador (pitcher), pero se deberá tener en cuenta que la falta de hacerlo con anterioridad al inicio del partido elimina totalmente la posibilidad de utilizar un bateador designado en dicho juego.

Se podrán utilizar bateadores emergentes (pinch hitters) para que tomen el turno del bateador designado; cualquier sustituto del bateador designado se convierte automáticamente en el bateador designado. Cuando el bateador designado es sustituido éste no podrá volver a entrar en juego de ninguna forma.

El bateador designado puede ser utilizado a la defensiva, y continuará en su mismo lugar en el orden de bateo, pero entonces el lanzador (pitcher) deberá batear en el lugar correspondiente del jugador a la defensiva que hubiere sido sustituido, a menos que se hubiere hecho más de una sustitución, y el mánager deberá entonces designar sus lugares en el orden de bateo.

Se puede sustituir al bateador designado por un corredor, pero entonces dicho corredor asume el papel de bateador designado. Un bateador designado está anclado en el orden de bateo. No se puede hacer sustituciones múltiples, que alteren la rotación al bate del bateador designado.

Cuando a un pitcher se le cambie del montículo a jugar cualquier posición defensiva, dicho acto hará que se termine el uso del bateador designado por el resto de ese juego, cuando el bateador emergente (pinch hitter) batea por cualquier jugador en el orden de bateo y pos-

teriormente entre al juego en calidad de lanzador
(pitcher); dicho acto causará que se termine el uso del
bateador designado hasta la conclusión de ese juego.

Una vez que el lanzador (pitcher) del juego batee por el
bateador designado, este movimiento determinará la
terminación de la utilización del bateador designado
por el resto de ese juego. (El lanzador del juego sólo
podrá batear de emergente por el bateador designado).

Una vez que un bateador designado asume una posición a la defensiva, dicho acto determina la terminación del uso del bateador designado por el resto de ese
juego. No es necesario anunciar un sustituto por el
bateador designado hasta tanto le llegue su turno correspondiente.

7.00 EL CORREDOR

7.01 Un corredor adquiere el derecho a una base que se encuentra desocupada, cuando la toca antes de ser out, o esté forzado a dejarla vacante para que sea ocupada por otro corredor que tenga el derecho de ocupar dicha base.

Si un corredor adquiere legalmente el derecho a una base, y el lanzador ocupa su posición de lanzar, el corredor no podrá regresar a una base previamente ocupada.

7.02 Al avanzar, un corredor deberá tocar la primera, la segunda, la tercera y el home en dicho orden. Si fuera obligado a regresar, deberá hacerlo en orden inverso (retocarlas), a menos que la pelota quede muerta de acuerdo con lo previsto en la Regla 5.09. En tales casos, el corredor podrá regresar directamente a su base original.

7.03 Una base no puede estar ocupada por dos corredores, pero en el caso de que estando viva la pelota, dos jugadores llegarán a estar tocando la misma base, el segundo corredor (el de atrás) será out, si es tocado con la pelota, y el primer corredor (el de adelante) tendrá derecho a la base.

7.04 Cada corredor, que no sea el bateador, podrá avanzar una base sin el riesgo de ser puesto out cuando:

(a) Se declare un Balk.

(b) El avance del bateador, sin riesgo de ser puesto out, obligue (fuerce) a un corredor a dejar la base que ocupa, o cuando el bateador conecta una pelota de fair y ésta toca a otro corredor o un árbitro, antes de haber sido tocada por un fildeador o haya pasado a un fildeador y si tal corredor está obligado a avanzar.

Un corredor que esté forzado a avanzar sin riesgo de ser puesto out, podrá pasar la base a que tiene derecho sólo a su propio riesgo. Si tal corredor forzado a avanzar es puesto out para el tercer out antes de un corredor que lo antecede (vaya delante de él), que también esté forzado a avanzar, toque el home plate, la carrera es válida.

Ejemplo de jugada: hay dos outs con las bases llenas, el bateador recibe la base por bolas pero el corredor de segunda en su afán se sobrepasa de la tercera base hacia el home y es tocado con la pelota con un tiro del receptor. Aun cuando hay dos outs, la carrera sería válida, basándose en la teoría de que la carrera fue forzada por la base por bolas y que todo lo que tendrían que haber hecho los corredores era proceder a tocar la siguiente base.

(c) Si un fildeador, después de atrapar un elevado (fly), se cae dentro de un banco o tribuna, o se cae por una soga o mecate dentro de espectadores que se encuentren dentro del campo.

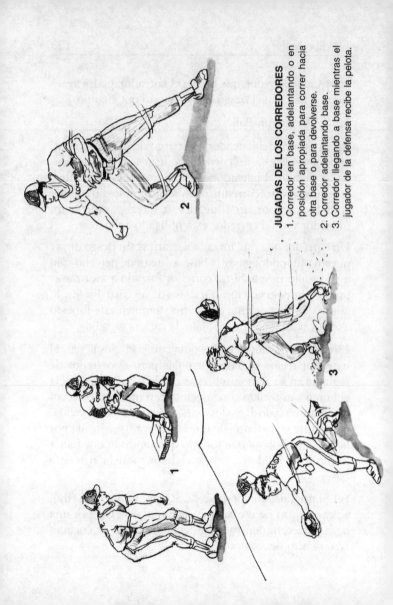

JUGADAS DE LOS CORREDORES

1. Corredor en base, adelantando o en posición apropiada para correr hacia otra base o para devolverse.
2. Corredor adelantando base.
3. Corredor llegando a base mientras el jugador de la defensa recibe la pelota.

Un fildeador o el receptor (catcher) podrá estirarse o meterse en el dugout con uno o con ambos pies para realizar una atrapada, y si mantiene la pelota, la atrapada es válida y la pelota sigue en juego.

Si el fildeador o el catcher, después de haber realizado una atrapada legal, se cae dentro de una tribuna o dentro de los espectadores o dentro del dugout después de haber realizado la atrapada legal, la pelota queda muerta y los corredores avanzan una base sin riesgo de ser puestos out.

(d) Mientras un corredor esté tratando de robarse una base, el bateador es interferido por el catcher u otro fildeador.

Nota: cuando un corredor tiene derecho a una base sin riesgo de ser puesto out, mientras la pelota esté en juego, o bajo la regla en la cual la pelota sigue en juego después que el corredor haya llegado a la base a la que tenía derecho, y cuando el corredor deja de tocar dicha base antes de intentar avanzar a la siguiente base, perderá el derecho legal de no ser puesto out, y puede ser puesto out ya sea tocando con la pelota la referida base o tocando con la pelota al corredor antes de que éste regrese a la base que dejó de tocar.

7.05 Cada corredor incluyendo al bateador-corredor, puede avanzar, sin riesgo de ser puesto out, cuando:

(a) Hasta el home plate, anotando una carrera, si una pelota bateada de fair sale en vuelo fuera del campo de juego y toca legalmente todas las bases, o si una pelota en fair, a juicio del árbitro, hubiera salido de aire del campo, si no hubiese sido por la acción de un fildeador desviándola al lanzarle su guante, gorra o cualquier artículo de vestimenta, u otros atavíos.

(b) Tres bases, si un fildeador toca a una pelota en fair con su gorra, máscara o con cualquier parte de su uniforme arrancado de su lugar correcto sobre su persona. La pelota sigue en juego y el bateador puede avanzar hacia el home, a su propio riesgo.

(c) Tres bases, si un fildeador lanza su guante en forma deliberada a la pelota y la toca en territorio fair, la pelota sigue en juego y el bateador puede avanzar hasta el home, a su propio riesgo.

(d) Dos bases, si un fildeador en forma deliberada toca a una pelota lanzada, con su gorra, máscara o con cualquier parte de su uniforme arrancado de su lugar correcto sobre su persona. La pelota sigue en juego.

(e) Dos bases, si un fildeador deliberadamente lanza su guante y toca una pelota lanzada, la pelota sigue en juego.

Al aplicar los parágrafos anteriores (c-d-e) el árbitro deberá sentenciar que el guante, la gorra o la máscara (careta) lanzados, realmente tocaron la pelota. No hay sanción si la pelota no fue tocada.

Bajo los parágrafos (c-e) no se aplicará sanción alguna contra un fildeador cuyo guante sacado de su mano por la contundencia de un batazo o de una pelota lanzada, o cuando su guante vuela de su mano mientras realiza un esfuerzo claro para hacer una atrapada legítima.

(f) Dos bases, si una pelota fair rebota o es desviada, metiéndose en las tribunas fuera de las líneas de foul de primera o tercera bases; o si pasa a través o por debajo de una cerca del campo, o a través o por debajo de la pizarra de anotaciones, o a través o por debajo de setos de plantas o enredaderas de la cerca; o si se queda incrustrada (pegada) en tales cercas, pizarras, setos o enredaderas.

(g) Dos bases, cuando no habiendo espectadores dentro del campo de juego, una pelota lanzada se mete en las tribunas, o dentro de un banco (rebotando o no al terreno), o sobre o por debajo de una cerca del terreno, o sobre la parte inclinada (sesgado) de la malla protectora de los espectáculos, la pelota queda muerta; cuando tal lanzamiento descontrolado (wild throw) es el primero que realiza un infielder en la jugada, el árbitro, al conceder tales bases, deberá regirse por la posición de los corredores en el momento en que la bola fue lanzada por el pitcher (lanzador), en todos los demás casos el árbitro se deberá regir por la posición de los corredores en el momento de realizarse el tiro descontrolado.

Reglamentación aprobada: Si todos los corredores, incluidos el bateador-corredor, han avanzado por lo menos una base cuando el infielder hizo el tiro descontrolado en la primera jugada después del lanzamiento hecho por el pitcher, el árbitro se regirá, para adjudicar las bases, por la posición de los corredores cuando se hizo el tiro descontrolado.

En ciertas circunstancias es imposible que el umpire otorgue dos bases. *Ejemplo:* corredor en primera. El bateador conecta un elevado corto hacia el jardín derecho. El corredor se detiene entre primera y segunda y el bateador llega y cruza por primera y se detiene detrás de él. La bola cae de hit, pero el jardinero al lanzar la pelota hacia la primera base, la mete en la tribuna.

Reglamentación aprobada: como ningún corredor puede avanzar más allá de la base a la cual tiene derecho, cuando la pelota está muerta, el corredor que originalmente se encontraba en primera va a tercera base y el bateador se quedan en segunda base.

El término "cuando se hizo descontrolado" significa el momento cuando la pelota deja la mano y no cuando la pelota que ha sido lanzada pega en el terreno, pasando a un fildeador que la recibiría o cuando quede muerta por haberse metido dentro de las tribunas.

La posición de bateador-corredor en el momento que el tiro malo (descontrolado) salió de la mano de quien lo hace constituye la clave para decidir acerca del otorgamiento de bases. Si el bateador-corredor aún no había llegado a la primera base, se otorgan dos bases para el momento en que el pitcher hizo su lanzamiento, a todos los corredores, la decisión de si el bateador-corredor había llegado a primera base antes del tiro es una jugada de apreciación.

Si se presentara una jugada inusual, donde un primer tiro (lanzamiento) hecho por un infielder se mete en las tribunas o dugout pero el bateador no se convierte en corredor (tal como el caso en que el receptor meta la pelota en las tribunas al intentar sacar out a un corredor de tercer que trata de anotar debido a un 'passed ball' o a un 'wild pitch', el otorgamiento de dos bases se determinará de acuerdo con la posición de los corredores en el momento del tiro. (Para los propósitos de la Regla 7.05 (g), el receptor se considera como un infielder más).

Ejemplo de jugada: corredor en primera base, el bateador golpea la pelota hacia el campo corto (shortstop) quien lanza a la segunda demasiado tarde para atrapar al corredor y el segunda base lanza mal hacia la primera después de que el bateador la haya pisado. La sentencia sería que el corredor de la segunda anota en carrera. (En esta jugada si el bateador-corredor hubiere cruzado la primera se le otorga la tercera base).

(h) Una base, si una pelota lanzada al bateador, o lanzada por el pitcher desde su posición en el plato de pitcheo hacia una base para tratar de atrapar a un corredor, se mete dentro de la tribuna o dugout, o sobre o a través de una cerca del terreno o el backstop. La pelota queda muerta.

Reglamentación aprobada: cuando una 'wild pitch' o 'passed ball' pasa al catcher, o es desviada por éste, y se introduce directamente en el dugout, tribuna, sobre una abertura, o cualquier área donde la pelota se considera muerta, será adjudicación de bases (de una sola base). Igualmente se adjudicará una base si el lanzador mientras está en contacto con la goma de lanzar, tira una base, y dicho tiro entra directamente en las tribunas o dentro de cualquier área donde la pelota se considere muerta.

Sin embargo, si la pelota lanzada al bateador o a una base pasa a un lado o a través del catcher o del fildeador, según sea el caso, y permanece en el terreno de juego, y posteriormente es pateada o desviada dentro del dugout, tribuna u otra área donde la pelota se considere muerta, el otorgamiento de bases será de dos bases, desde la posición de los corredores en el momento del lanzamiento o tiro, según sea el caso.

(i) Una base, si el bateador se convierte en corredor debido a un 'wild pitch' que da el derecho a que los corredores avancen una base, el bateador-corredor tendrá derecho solamente a la primera base.

El hecho de que a un corredor se le otorgue una o más bases, sin el riesgo de ser puesto out, no lo exime de la responsabilidad de tocar la base que le ha sido otorgada y todas las bases intermedias. Por ejemplo: el bateador batea un roletazo (rolling) que un infielder al hacer su tiro mete la pelota en las tribunas, pero el bateador-corredor no pisa la primera almohadilla. Puede ser cantado out si se apela que no pisó la primea, después que la pelota sea puesta en juego (play) aun cuando se le había "otorgado" la primera base.

Si un corredor es obligado (forzado) a retornar a una base después de realizarse una atrapada, deberá volver a tocar (retocar) su base original aun cuando debido a alguna regla de terreno u otra regla, se le hayan otorga-

Detalle de la ubicación del lanzador, receptor, bateador y árbitro.

do bases adicionales. Puede retocar la base mientras la pelota está muerta y luego se le hará el otorgamiento a partir de su base original.

7.06 Cuando ocurra una obstrucción, el árbitro cantará o señalará 'Obstrucción':

(a) Si se está realizando una jugada con el jugador obstruido, o si el bateador-corredor es obstruido antes de que éste toque la primera base, la pelota queda muerta y todos los corredores avanzarán, sin riesgo de ser puestos out, hasta las bases que habrían alcanzando, a juicio del árbitro, de no haberse producido la obstrucción. Al corredor que haya sido obstruido se le otorgará por lo menos una base más allá de la base que había tocado legalmente antes de producirse la obstrucción. Cualquier corredor precedente que esté forzado a avanzar por razón de la penalidad por obstrucción, también avanzará sin riesgo de ser puesto out.

Cuando se está haciendo una jugada sobre el corredor obstruido, el árbitro deberá señalar la obstrucción en la misma forma como cuando canta 'tiempo' (time), con ambas manos sobre la cabeza. La pelota queda muerta inmediatamente después que se haya dado dicha señal; sin embargo, si en el aire estuviera una pelota lanzada antes de que la obstrucción fuera cantada por el árbitro, en este caso a los corredores le serán otorgadas aquellas bases sobre tiros descontrolados, como se les hubiesen otorgado si no hubiese ocurrido la obstrucción. En una jugada donde un corredor quede atrapado entre segunda y tercera y que fuese obstruido por el

tercera base mientras el corredor intentaba llegar a la
tercera y mientras el tiro del short stop está en vuelo, si
dicho tiro se metiera en el diagonal al corredor obstruido se le otorgaría el home. A cualquier otro de los corredores que estuvieran embasados en esta situación
igualmente se le otorgaría dos bases a partir de la base
que habían tocado legalmente antes de que fuera pro-
clamada (cantada) la obstrucción.

(b) Si no se estuviera haciendo una jugada con el jugador obstruido, la jugada continúa hasta tanto no se presente otra posible acción. Entonces el árbitro cantará
'tiempo' (time) e impondrá aquellas penalidades, si las
hubiere, que anulen el acto de obstrucción basándose
únicamente en su propio juicio.

Bajo la Regla 7.06 (b) cuando la pelota no esté muerta
y un corredor obstruido avanza más allá de la base que,
a juicio del árbitro, le hubiera otorgado debido a la obstrucción de que fue objeto, el corredor lo hace a su propio riesgo y puede ser tocado out. Esta es una jugada de
apreciación.

Nota: cuando el receptor (catcher) no está en posición
de la pelota, no tiene derecho de bloquearle el paso a
un corredor que intenta anotar en carrera. La línea de
base le pertenece al corredor y el receptor sólo podrá
estar allí cuando está fildeando una pelota o cuando
realmente tenga la pelota en su mano.

7.07 Con un jugador en tercera que esté intentado anotar en carrera mediante un 'squeeze play' (jugada sui-

cida) o robo, si el receptor (catcher) o cualquier otro fildeador se para sobre o enfrente del home plate sin tener posesión de la pelota, o si toca al bateador o al bate de éste, se le cargará un 'balk' al pitcher (lanzador), se le otorgará la primera base al bateador por la interferencia y la pelota queda muerta.

7.08 Cualquier corredor de bases es out cuando:

(a) (1) Al correr se sale más de tres pies (91.4 cm) de la línea directa entre bases para evitar ser tocado a menos que lo haga para no interferir con un fildeador que trate de fildear una pelota que ha sido bateada, o

(2) después de tocar la primera base, abandone, se aleje de la línea de base, con lo cual obviamente abandona su intento de alcanzar la siguiente base.

Cualquier corredor después de llegar a la primera base, que abandone la línea de bases y se dirija a su dugout o a su posición en la creencia de que no hay más jugada, puede ser declarado out, si el árbitro juzga que el acto del corredor lo considera como abandono de su esfuerzo para correr las bases. Aun cuando se declara el out, la pelota permanece en juego en lo que respecta a cualquier otro corredor.

Esta regla también cubre las siguientes jugadas similares habiendo menos de dos outs, con las anotaciones (score) empatadas en la segunda mitad del noveno inning, con carredor en primera, el bateador golpea la pelota fuera del campo, pero el corredor que se encontraba en la primera, bajo la creencia de que el cuadrangular (home run) conectado por el bateador engendra automáticamente la carrera del triunfo, y después de pisar la segunda cruza a través del cuadro y no directamente, a su diagonal mientras el bateador-corredor recorre las bases. En este acaso, el corredor de base sería cantado 'out' debido al abandono de su esfuerzo de tocar la siguiente 'base' y al bateador-corredor se le permite seguir corriendo las bases para que su cuadrangular tenga validez. Si por el contrario hubiera habido dos outs, el cuadrangular no sería válido (véase Regla 7.12). Esta es una jugada de apreciación.

Jugada: un corredor, bajo la creencia de que había sido cantado out en la primera o en la tercera base se dirige hacia el dugout y recorre una distancia razonable mostrando por sus acciones que se considera out, se le declara out por abandonar las bases.

En las dos jugadas reseñadas anteriormente a los corredores se les considera que realmente ha habido abandono de sus líneas de recorrido de base y se les trata en forma diferente al bateador que se poncha (struck out) como se describe en la Regla 7.08 (a) que se transcribe a continuación.

Regla aprobada: cuando un bateador se convierte en corredor, debido a un tercer strike no atrapado, y comienza a dirigirse a su banco o a su posición, puede avanzar hasta la primera base en cualquier momento antes de entrar al dugout. Para ponerlo out la defensiva debe tocarlo con la pelota o enviar la pelota hasta la primera antes de que llegue el corredor.

(b) Cuando deliberadamente interfiere con una pelota lanzada o molesta a un fildeador que intenta hacer jugada con la pelota bateada.

Un corredor a quien el árbitro haya juzgado que molestó a un fildeador que intentaba afectar una jugada sobre una pelota bateada, será out aun cuando su acción haya sido o no intencional.

Sin embargo, si el corredor tiene contacto con una base legalmente ocupada por él, cuando molestó al fildeador no debe ser declarado out, a menos que a juicio del árbitro tal molestia o interferencia haya sido intencional, haya ocurrido ésta en territorio fair o foul. Si el árbitro declara que fue intencional, se aplicará la siguiente sanción (penalidad), cuando hay menos de dos outs, el árbitro declarará que tanto al corredor como al bateador. Cuando hubiere dos outs, el árbitro declarará out al bateador.

En caso corre-corre (run down) entre la tercera y home plate, y el corredor que le sigue ha avanzado y se encuentra parado sobre la tercera almohadilla, cuando el corredor es cantado out en el corre-corre por interferencia ofensiva, el árbitro devolverá al corredor que está parado sobre la tercera, hasta la segunda base. Se aplicará el mismo principio cuando haya un corre-corre entre la segunda y la tercera base y el corredor de atrás haya llegado a la segunda (el razonamiento es que ningún corredor puede avanzar en una jugada de interferencia y que con un corredor se le considerará como ocupante de una determinada base hasta que llegue a ocupar legalmente la base siguiente).

(c) Si es sorprendido fuera de base (y tocando con la pelota) mientras la pelota está viva.

Excepción: un bateador-corredor no podrá ser puesto out después de que cruce por primera base o cuando en su deslizamiento se salga de ella, si retorna inmediatamente a la base.

Reglamentación aprobada: (1) si el impacto que recibe de un jugador despega las bases (almohadilla) de su posición correcta, no se podrá hacer jugada alguna al corredor puesto que él había llegado a salvo a la referida base.

Reglamentación aprobada: (2) si la base (almohadilla) se desprende de su posición durante una jugada, cualquier corredor posterior que llegue a ella, durante la misma jugada, se considera que ha tocado u ocupado dicha base, si a juicio del árbitro tocó u ocupó el punto que marcaba la almohadilla desprendida.

(d) Cuando el corredor deje de retocar su base después que haya sido atrapada una pelota legalmente en fair o foul, y el fildeador toca (con la pelota) al corredor o a la almohadilla. No será cantado out por haber dejado de retocar su base después que se haya efectuado el siguiente lanzamiento, o se haya efectuado cualquier jugada o intento de jugada. Esto es una jugada de apelación.

No es necesario que los corredores retoquen su base cuando ocurra un 'foul tip'; cuando ocurre un 'foul tip' los corredores pueden robar base. Evidentemente si un falso 'foal tip' no es atrapado, se convierte en un foul corriente, debiendo los jugadores retornar a sus bases.

(e) Si deja de alcanzar la próxima base antes de que un fildeador lo toque a él o a dicha base, cuando el corredor haya sido obligado (forzado) a avanzar por razón de que el bateador se haya convertido en bateador-corredor. Sin embargo, en el caso de que un corredor posterior haya sido puesto out forzado, la condición de 'force' del corredor que va adelante queda anulada y por consiguiente debe ser tocado con la pelota para ser puesto out.

La condición de out forzado (force) termina tan pronto como el corredor toca la base a la que estaba obligado a avanzar, y si se pasa de dicha base, sea por deslizamiento o corriendo, se le deberá tocar con la pelota para ser puesto out. No obstante, si el jugador forzado, después de tocar la siguiente base, por cualquier razón se devuelve hacia la base que ocupaba anteriormente, la jugada de 'force-play' queda vigente nuevamente y puede ser puesto out si la defensiva toca con la pelota la base a la cual estaba forzado (obligado).

Jugada: el bateador tiene conteo de tres bolas con corredor en primera. El corredor sale al robo de la segunda con el siguiente lanzamiento, y éste resulta ser la cuarta bola, pero después de haber tocado la segunda el corredor se sobrepasa de ella. El receptor lo sorprende antes de que logre regresar. La sentencia es que el corredor es out (el 'force' se elimina).

Las situaciones de pasarse de una base surgen en otras bases, además de la primera por ejemplo, antes de que hayan dos outs, con corredores en primera y segunda, o

SECUENCIA DE LANZAMIENTO

El pie de pivote se mantiene sobre el borde delantero de la goma; luego, con un movimiento lento y rítmico se lleva la pelota dentro del guante a una posición sobre la parte delantera de la cabeza, se realiza un giro de caderas, se eleva la pierna izquierda y el lanzador se prepara para un empuje explosivo desde la goma (para lanzador derecho).

con las bases llenas, se produce un batazo con el cual el infielder trata un doble out (double play). El corredor de primera llega a la segunda antes que la pelota, pero al deslizarse se sobrepasa de la almohadilla. El tiro se hace a la primera base y el corredor bateador es out. El primera base, al darse cuenta de lo ocurrido en la segunda se lanza a ésta y el corredor de allí es tocado con la pelota antes de que regresara a la base. Durante ese lapso los otros corredores han tocado el home plate. Las preguntas son: ¿Es ésta una jugada de 'Force out'? ¿Se eliminó esa condición cuando el bateador fue out en la primera base? ¿Son o no válidas las carreras que pisaron el home-plate durante la jugada y antes de que el corredor fuera puesto out al ser sorprendido fuera de la segunda base?

Respuesta: las carreras son válidas puesto que no fue una jugada de 'force play'. Fue una jugada de out por ser tocado con la pelota fuera de base.

(f) Cuando es golpeado por una pelota fair en territorio fair antes de que la pelota haya tocado o pasado a un infielder. La pelota queda muerta y nadie puede anotar en carrera, ni pueden avanzar los corredores, excepto aquellos corredores que hubieran estado obligados (forzados) a avanzar. *Excepción:* si un corredor está en contacto con sus bases cuando es tocado por un infield fly, dicho corredor no será out pero el bateador sí.

Si una misma pelota bateada de fair toca a dos corredores, solamente será out el primero de ellos, pues inmediatamente la bola había quedado muerta.

Si un infield fly toca a un corredor cuando éste no se encuentra en contacto con su base, tanto el corredor como el bateador son out.

(g) Si trata de anotar en una jugada en la cual el bateador interfiere la jugada en el home plate antes de que hayan dos outs. Cuando hay dos outs la interferencia hace que el bateador sea out y por tanto no hay anotación de carrera.

(h) Si pasa a otro corredor que va precediendo antes de que dicho corredor haya sido puesto out.

(i) Si después de haber adquirido posesión legal de una base, se devuelve con el propósito de confundir a la defensa o para burlarse del juego. El árbitro cantará 'tiempo' (time) inmediatamente y declarará out al corredor.

Si un jugador toca una base que no está ocupada y luego cree que la bola fue atrapada o se le engaña para que se devuelva a la última base que había tocado, puede ser puesto out mientras trata de regresar a esa, pero si llega a la base que había ocupado antes, no podrá ser puesto out mientras esté haciendo contacto con ella.

(j) Si el jugador deja de retornar inmediatamente a la primera base después de haberse deslizado o corrido sobrepasándose de ella. Si intenta correr hacia la segunda base puede ser puesto out tocándolo con la pelota. En el caso de que se dirigiera al dugout (después de sobrepasarse de la primera al tratar de regresar, o hacia su posición, y deja de retornar y toca la primera bajo apelación puede ser puesto out, al ser él o la base tocado con la pelota.

Corredor que toque la primera base y que sea declarado 'safe' por el árbitro, se considera que "ha alcanzado la primera base" dentro del contenido de la Regla 4.09 (a) y cualquier carrera que se anote durante esa jugada será válida, aun cuando posteriormente el corredor sea declarado out, debido a que dejó de regresar' inmediatamente' según la Regla 7.08 (1) aun cuando éste haya resultado ser el tercer out del inning.

(k) Si al deslizarse o correr por el home plate, deje de tocarlo y no hace intento alguno de regresar a hacerlo, y si un fildeador con la pelota en su mano y parado sobre el home apela la decisión al árbitro.

Esta regla se aplica solamente cuando el corredor va camino al dugout y cuando ello obligará al receptor a perseguirlo. No se aplica en jugadas ordinarias cuando el corredor no toca el home plate e inmediatamente realiza un esfuerzo para hacerlo antes de ser puesto out. En dicho caso, el corredor debe ser tocado con la pelota.

7.09 Se considera que un bateador o un corredor han cometido interferencia cuando:

(a) Después del tercer strike molesta al receptor (catcher) en su intento de fildear la pelota.

(b) Después de batear o de hacer un toque de pelota en territorio fair, el bate del bateador le pega de nuevo a la pelota en territorio fair. La pelota queda muerta y ningún corredor puede avanzar. Si el bateador-corredor deja caer su bate y la pelota en su recorrido le pega al bate en territorio fair, si a juicio del árbitro no hubo intención de interferir con el curso de la pelota, la pelota queda viva y en juego.

(c) Si en forma intencional desvió el curso de una pelota foul, en cualquier forma.

(d) Antes de haber dos outs y con corredor en tercera base el bateador moleste a un fildeador que esté efectuando una jugada en el home plate, el corredor es out.

(e) Cualquier miembro o miembros del equipo ofensivo se pasan o se agrupan alrededor de cualquier base a la cual esté avanzado un corredor, con el fin de confundir, molestar, o para agregar dificultades a los fildeadores. Dicho corredor será declarado out por interferencia de su compañero o compañeros de equipo.

(f) Cualquier corredor que acaba de ser puesto out molesta o impide que se continúe una jugada que se le está haciendo a un corredor. Dicho corredor será declarado out por la interferencia de su compañero de equipo.

Si el bateador o un corredor continúan avanzando después de haber sido puesto out, no se le considera que, sólo por dicho acto, esté molestando o impidiendo a los fildeadores hacer la jugada.

(g) Si a juicio del árbitro, un corredor de bases en forma voluntaria y deliberada interfiere con una pelota bateada, o con un fildeador que se encuentre en el acto de fildear una pelota bateada con la intención clara de romper una jugada de doble out (double play), la pelota queda muerta. El árbitro (umpire) deberá cantar out al corredor por interferencia y además declarar out al bateador-corredor debido al acto cometido por su compañero de equipo. En ningún caso podrán los corredores avanzar en las bases ni se podrá anotar carrera, debido a la acción del corredor.

(h) Si a juicio del árbitro un bateador-corredor interfiere en forma voluntaria y deliberada con una pelota bateada o con un fildeador que se encuentre en el acto de fildear una pelota bateada, con la clara intención de romper una jugada de doble out (double play), la pelota queda muerta, el árbitro deberá cantar out al bateador-corredor por interferencia y además declara out al corredor que haya avanzado más hacia el home plate sin tomar en consideración el sitio donde hubiere sido posible realizar el doble out (doble play). En ningún caso podrán los corredores avanzar en las bases cuando ocurra esta interferencia.

(i) Si a juicio del árbitro, el coach de base de primera o tercera, tocando o sosteniendo al corredor, lo ayuda físicamente a regresar o a dejar la tercera base o la primera base.

(j) Con un corredor en tercera base, el coach se sale de su cajón y actúa de tal manera que provoque un tiro de un fildeador.

(k) Si al correr la segunda mitad de la distancia entre el home y la primera base, mientras se está fildeando la pelota en primera base, corriera fuera de la línea de los tres pies (a la derecha), o dentro de la línea de foul (a la

izquierda) y que de esa forma, a juicio del árbitro, interfiere con el fildeador que esté tomando el tiro a primera
base, o esté intentando fildear una pelota bateada.

Las líneas que marcan la franja de tres pies (91.3 cm)
forman parte de dicha 'franja' pero la interpretación
que debe hacerse es que un corredor debe tener ambos
pies dentro de la 'franja' de tres pies, o sobre las líneas
que definen dicha 'franja'.

(l) Si dejare de evadir a un fildeador que intenta tomar
una pelota bateada, o si intencionalmente interfiere con
una pelota lanzada, pero considerando que si dos o más
fildeadores intentan fildear una pelota bateada, y el
corredor hace contacto con uno o más de ellos, el árbitro decidirá cuál de ellos tenía el derecho al beneficio
de esta regla y no declarará out al corredor por haber
tropezado con otro fildeador, que no sea el que el árbitro determine con derecho a fildear la pelota.

Cuando un receptor (catcher) y un bateador-corredor
van hacia la primera base y hacen contacto cuando el
receptor está fildeando la pelota, generalmente no hay
violación y no se sentenciará nada. Sólo se sentenciará
'obstrucción' hecha por un fildeador que intenta fildear
una pelota, en casos muy flagrantes y violentos debido
a que las reglas le otorgan el derecho de vía, pero por
supuesto ese 'derecho de vía' no constituye una licen-
cia (permiso) para, por ejemplo, meterle una zancadilla
a un corredor aun cuando se esté fildeando una pelota.
Si el receptor está fildeando una pelota, y el fildeador
de la primera o el pitcher obstruye al corredor que se

POSICIONES DEL LANZADOR

Posición de frente sin levantar los brazos. El lanzador sostiene la pelota dentro del guante, con las manos unidas a la altura de la cintura, desde donde inicia el movimiento para lanzar. Con esta posición se busca, sobre todo, engañar al bateador al alterar el ritmo normal de los movimientos.

Posición de lado. Esta posición se emplea cuando hay corredores en bases, con el fin de poder lanzar para sorprenderlos:

a. Lanzamiento a primera base.
b. Lanzamiento a segunda.
c. Lanzamiento a tercera.

dirige a la primera base, se deberá cantar 'Obstrucción' y otorgarle la primera base al corredor.

(m) Cuando una pelota bateada de fair golpea al corredor antes de tocar a un fildeador. No obstante, si una pelota fair pasa a través o al costado de un fildeador, y luego toca a un corredor que se encuentre inmediatamente detrás de él, o toca al corredor después de haber sido desviada por el fildeador, el árbitro no declarará out al corredor por haber sido tocado por la pelota bateada. Al hacer esta decisión, el árbitro debe estar convencido de que la pelota pasó a través o al costado del fildeador, y que ningún otro infielder tenía oportunidad de realizar una jugada sobre el batazo. Si, a juicio del árbitro, el corredor, intencional y deliberadamente, da una patada a la pelota a la cual el fildeador no pudo hacerle jugada, se le declarará out por interferencia.

Penalidad por interferencia: el corredor es out y la pelota queda muerta.

7.10 Cualquier corredor de bases será declarado out en una jugada de apelación, cuando:

(a) Después de que un elevado (fly ball) es atrapado, deja de retocar su base original, antes de que él o su base original sea tocada con la pelota.

En esta regla, 'retocar' significa montarse arriba de la base y despegar de ella después de que la pelota sea capturada (atrapada). No se le permitirá al corredor tomar vuelo, colocándose por detrás de su base.

(b) Con la pelota en juego (play), mientras avanza y regresa a una base, deja de tocar cada base en orden, antes que él o la base que haya fallado, sea tocado con la pelota.

Reglamentacion aprobada: (1) ningún corredor podrá regresar a retocar la base que dejó de tocar después que el siguiente corredor haya anotado; (2) cuando la pelota queda muerta el corredor no podrá retroceder a pisar la base que haya dejado de tocar, después de haber avanzado y pisado la siguiente base.

Jugada: (a) el bateador conecta la pelota y la saca fuera del campo de juego o cuando produzca un doblete debido a alguna Regla de Terreno y deja de pisar la primera base (la pelota queda muerta) y él podrá regresar a la primera base para corregir su error antes de tocar la segunda, pero si llega a tocar la segunda almohadilla no podrá regresar a la primera y si el equipo defensivo hace la apelación será declarado out.

Jugada: (b) el bateador conecta una pelota por el campo corto (short stop) y éste en su disparo envía la pelota a las tribunas (la pelota queda muerta), pero el bateador-corredor deja de pisar la primera y se le adjudica la segunda base debido al mal disparo. Aun cuando el árbitro le haya otorgado la segunda base al corredor éste está obligado a pisar la primera almohadilla antes de seguir hasta la segunda.

Estas jugadas son de apelación.

(c) Si el corredor se pasa de la primera base corriendo o deslizándose y omite regresar inmediatamente a ella, y él o la base son tocados con la pelota.

(d) Si deja de tocar el home plate y no hace intento de repisarlo, y la defensiva toca el home plate con la pelota.

Cualquier apelación bajo esta regla deberá ser hecha antes de que se haga el próximo lanzamiento, o cualquier jugada o intento de jugada. De ocurrir una violación durante una jugada que termine la mitad de un inning, la apelación debe ser hecha antes de que el equipo defensivo abandone el terreno.

Una apelación no debe ser interceptada como que es una jugada o un intento de jugada.

No se podrán hacer apelaciones sucesivas a un corredor en la misma base. Si el equipo defensivo falla en su primera apelación, no se aceptará una segunda apelación con el mismo corredor en la misma base, por parte de árbitro. (El significado de la palabra falla es que el equipo defensivo al hacer la apelación haya sacado la pelota fuera del juego (play). Por ejemplo, si el lanzador tira a primera con el objeto de hacer una apelación y mete la pelota en las tribunas, no se permitirá una segunda apelación).

Las jugadas de apelación pudieran hacer que un árbitro reconociera un aparente 'cuarto out'. Si el tercer out se hace durante una jugada de apelación sobre otro corredor, que haya sido confirmada, dicha jugada de apelación tendrá procedencia sobre la otra en la determinación del out. Si se efectúan más de dos apelaciones durante una jugada que finaliza medio inning, la defensiva puede elegir el out que le sea más ventajoso.

Para fines de esta regla se considera que la defensiva ha 'abandonado el terreno' cuando el lanzador (pitcher) y todos los infielders hayan salido de territorio fair en su recorrido hacia el dugout.

Si dos corredores llegan al home plate más o menos al mismo tiempo, y el primero no toca el home plate, pero el segundo sí lo hace legalmente, y si el primer corredor es puesto out al ser tocado con la pelota en su intento de regresar o si por apelación es cantado out, se le considerará como si se le hubiese puesto out antes de que el segundo corredor anotara y será el tercer out. La carrera del segundo corredor no se cuenta, según lo previsto en la Regla 7.12.

Si un lanzador (pitcher) comete balk en una jugada apelación, dicho acto se considerará como una jugada. Una apelación debe mostrar la intención clara de que se trata de una apelación, sea por petición verbal de un jugador o mediante un acto que indique inequívocamente al árbitro que se está haciendo una apelación. No constituye una apelación el hecho de que un jugador, en forma inadvertida, se monte sobre una base con la pelota en su mano. Cuando se hace una jugada de apelación no se considera que hay tiempo (Time).

7.11 Los jugadores, coachs o cualquier otro miembro del equipo a la ofensiva deberán abandonar cualquier espacio (incluyendo ambos dugouts) que requiera un fildeador que esté intentando fildear una pelota bateada o lanzada.

Penalidad: se cantará una interferencia y el bateador o el corredor sobre quien se esté ejecutando la jugada será declarado out.

7.12 A menos que haya dos outs, la situación (estatus) de un corredor siguiente no se afecta por la omisión del corredor que lo precede de tocar o de retocar una base. Si debido a una apelación, el corredor precedente es el tercer out, ninguno de los corredores que lo siguen podrán anotar su carrera. Si dicho tercer out es el resultado de una jugada forzada (force play), ni el corredor precedente ni los corredores siguientes podrán anotar carrera.

8.00 EL LANZADOR (PITCHER)

8.01 Lanzamientos Legales. Existen dos posiciones legales de lanzamiento (pitching positions), la posición de impulsarse (Windup Position) y la posición de preparado (set position), pudiéndose utilizar cualquiera de ellas en cualquier momento.

Los lanzadores tomarán las señas de sus receptores mientras están sobre la goma del pitcher.

Los lanzadores pueden despegarse de la goma después de recibir las señas pero no podrán pisarla de nuevo en forma rápida y lanzar. Esto puede ser considerado por el árbitro como un lanzamiento apresurado (quick pitch); cuando el lanzador se despega de la goma, debe dejar caer las manos sobre sus costados.

No se le permitirá a los lanzadores despegarse de la goma cada vez que tomen una seña.

(a) La posición de impulsarse (windup position). El lanzador se colocará de frente al bateador, con su pie pivote totalmente sobre, o enfrente y en contacto, pero no fuera, de la caja del plato de lanzar (pitcher's plate), y con el otro pie libre. Desde esta posición, cualquier movimiento natural asociado con lanzar la pelota al bateador, lo obliga a efectuar el lanzamiento sin interrupción ni alteración. No podrá levantar ninguno de sus pies del terreno, excepto que en el momento de hacer el lanzamiento al bateador puede dar un paso hacia atrás y un paso hacia adelante con su pie libre.

Cuando un lanzador sostiene la pelota con ambas manos enfrente de su cuerpo, con su pie pivote enteramente sobre o enfrente y haciendo contacto, pero no fuera, del extremo de la caja, y su otro pie libre, se le considerará que está en Posición de impulsarse (Windup position).

El lanzador puede tener un pie, no el pie pivote, fuera de la caja y a cualquier distancia que él desee detrás de una línea que es la extensión del borde de atrás del plato de lanzar (pitcher's plate) pero no a cada lado de dicho plato.

El lanzador podrá con su pie libre tomar un paso hacia adelante y un paso hacia atrás, pero bajo ninguna circunstancia podrá hacerlo hacia los costados, es decir, hasta los lados de primera base y de tercera base, de la goma de lanzar.

Si un lanzador sostiene la pelota con ambas manos frente a su cuerpo, con su pie pivote enteramente (completamente) sobre o enfrente de él y haciendo contacto, pero no fuera, del extremo de la caja, y su otro pie libre, se le considerará que se encuentra en la posición de 'wind up'.

Desde esta posición podrá:

(1) enviar (lanzar) la pelota al bateador, o

(2) girar y lanzar a alaguna base en un intento de sorprender y poner out a un corredor, o

(3) despegarse de la caja de lanzar (si lo hace debe dejar
caer las manos a sus costados).

En el momento de despegarse de la caja de lanzar (abandonar el contacto) el lanzador debe sacar su pie pivote
primero y nunca sacar primero su pie libre.

No podrá tomar su posición de preparado (set position),
y si lo hace comete balk.

(b) La posición de preparado (Set position). Dicha posición la indicará el lanzador cuando se pare de frente
al bateador con su pie pivote completo sobre o enfrente
y en contacto con el plato de lanzar, pero no fuera del
final de él y con su otro pie enfrente del plato de lanzar
(pitcher's plate) sosteniendo la pelota con ambas manos
frente a su cuerpo y llegando a una parada completa.

Desde esta posición de preparado (set position) podrá
lanzar la pelota al bateador, a una base o dar un paso
hacia atrás con su pie pivote. Antes de asumir la set
position el lanzador puede optar cualquier movimiento
preliminar, tal como la denominada posición natural
(stretch), pero si así lo hiciera deberá de nuevo asumir
la 'set position' antes de lanzarle al bateador.

Después de que tome la 'set position', cualquier movimiento natural asociado (relacionado) con lanzar la

pelota al bateador, lo obliga a efectuar el lanzamiento sin interrupciones o alteraciones.

Cuando se está preparando para asumir la 'set position', el lanzador debe tener una mano a su lado, desde esta posición, para luego asumir la posición de set position, tal como está definida en la Regla 8.01 (b) sin interrupción y con un movimiento continuo.

Todo el ancho de su pie debe estar en contacto con la caja y debe estar sobre ella. El lanzador no podrá lanzar desde el final de la caja, teniendo tan solo un lado de su pie tocando la goma de lanzar.

El lanzador, después que se estira, deberá (a) sostener la pelota con ambas manos enfrente de su cuerpo y (b) llegar a una parada completa. Esto debe hacerse cumplir y los árbitros deben observarlo cuidadosamente, ya que los lanzadores constantemente intentan ir contra esta regla, en su deseo de mantener a los corredores cerca de sus bases, y en el caso de que el lanzador deje de hacer una parada 'completa', exigida por estas reglas, el árbitro debe cantar balk inmediatamente.

(c) En cualquier momento, durante los movimientos preliminares del lanzador y hasta tanto que su movimiento natural de lanzar lo obligue a efectuar el lanzamiento, podrá tirar la pelota a cualquier base siempre y cuando al hacerlo dé un paso hacia la misma, antes de hacer el tiro.

El lanzador dará un paso antes del lanzamiento. Un tiro rápido (snap throw) seguido de un paso directo hacia la base es un 'balk'.

(d) Si el lanzador hace un lanzamiento ilegal sin corredores en base, se canta una bola, a menos que éste alcance la primera base por un error, una base por bolas, un bateador golpeado o de cualquier otra manera.

Si una pelota se desliza de la mano del lanzador y atraviesa la línea de foul, se le cantará 'bola'; en cualquier otro caso no habría lanzamiento. Si hubieren hombres en base esto sería un 'balk'.

(e) Si el lanzador quita su pie pivote del contacto con el plato de lanzar (pitcher's plate) dando un paso atrás, se convierte por tal acción en un infielder, y si hace un mal tiro desde esa posición, dicho tiro se considerará igual que un tiro de cualquier otro infielder.

El lanzador mientras está fuera de la caja puede lanzar a cualquier base. Si hace un mal tiro, se considera a este mal tiro como al de cualquier infielder y las acciones subsiguientes se regirán por aquellas reglas que cubren los tiros de los infielders.

8.02 El lanzador no deberá:

(A) (1) Llevar su mano de lanzar a su boca o labios, mientras se encuentre dentro del círculo de 18 pies que abarca el plato de lanzar. *Excepción:* cuando mediante acuerdo de los dos mánagers, el árbitro principal, antes de iniciarse el partido que se juegue bajo condiciones de tiempo frío, podrá permitir al lanzador soplar sobre su mano.

Penalidad: por la violación de esta parte de la regla, los árbitros deben cantar inmediatamente una 'bola'. Sin embargo, si se hiciera el lanzamiento y el bateador se embasa por un hit, por bateador golpeado u otra causa, y ningún otro corredor es puesto out antes de haber avanzado al menos una base, la jugada seguirá sin referencia a la violación. Los violadores consuetudinarios de esta regla estarán sujetos a multas por parte del presidente de la liga.

(2) Aplicar substancias extrañas a la pelota.

(3) Escupir sobre la pelota, sus manos o su guante.

(4) Frotar la pelota con su guante, su persona o su vestimenta.

(5) Deteriorar la pelota en cualquier forma.

(6) Lanzar las llamadas pelota pulida (shine ball), bola de saliva (spit ball), bola de barro (mud ball) o bola esmerilada (emery ball). Sin embargo, el lanzador podrá frotar la pelota con sus manos limpias.

Penalidad:

Por la violación de cualquier parte de esta regla 8.02 (A) (2 al 6), el árbitro aplicará lo siguiente:

(a) Cantar el lanzamiento 'bola', amonestar al lanzador y hacer anunciar por los altoparlantes la razón de la medida.

(b) En caso de una segunda violación hecha por el mismo lanzador en el mismo juego, éste será expulsado del juego.

(c) Si a la violación declarada por el árbitro le sigue una jugada, el mánager del equipo a la ofensiva puede parti-

ciparle al árbitro que opta por aceptar la jugada. Esta
participación debe hacerse inmediatamente después de
determinada la jugada. No obstante, si el bateador se
embasa debido a un hit, un error, una base por bolas,
un bateador golpeado, y otra causa, y ningún otro
corredor es puesto out antes de haber avanzado al menos una base, la jugada continúa sin referencia a la violación.

(d) Aun cuando el equipo a la ofensiva opte por aceptar
la jugada, se reconocerá la violación y quedarán vigen-
tes las penalidades señaladas en (a) y (b).

(e) El árbitro (umpire) será el único juez en determinar
si alguna parte de esta regla fue violada.

Todos los árbitros llevarán consigo una bolsa de resina
oficialmente aprobada. El árbitro principal (chief
umpire) será el responsable de colocarla en el suelo detrás del plato de lanzar (pitchers plate). Si en cualquier
momento la pelota golpea a la bolsa de resina la pelota
sigue en juego. En el caso de lluvia o de terreno mojado,
el árbitro puede ordenarle al lanzador que guarde la bolsa
de resina en su bolsillo. El lanzador puede usar la bolsa
de resina para aplicarse resina (pez rubia) a su mano o
manos limpias. Ni el lanzador ni ningún otro jugador
puede espolvorear la pelota con la bolsa de resina, ni
tampoco se le permite aplicar la resina de la bolsa sobre
su guante o en alguna otra parte de su uniforme.

(B) Estar en posesión de cualquier sustancia extraña
por infringir de esta Sección (B), la penalidad será la
expulsión del juego en forma inmediata.

MANERAS DE COGER LA PELOTA PARA LOS LANZAMIENTOS

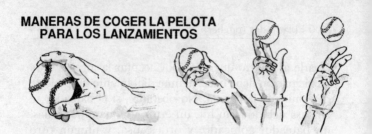

Bola recta o rápida. El lanzador deja deslizar la bola sobre los dedos índice y medio, rompiendo rápidamente la muñeca hacia abajo en el momento en que la pelota abandona su mano.

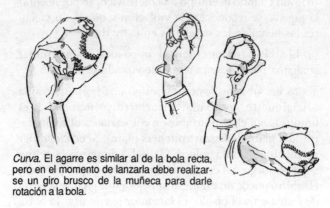

Curva. El agarre es similar al de la bola recta, pero en el momento de lanzarla debe realizarse un giro brusco de la muñeca para darle rotación a la bola.

Cambio de velocidad. La pelota se agarra suavemente sosteniéndola bien hacia atrás con la palma de la mano y levantando la punta de los dedos para que la pelota se deslice.

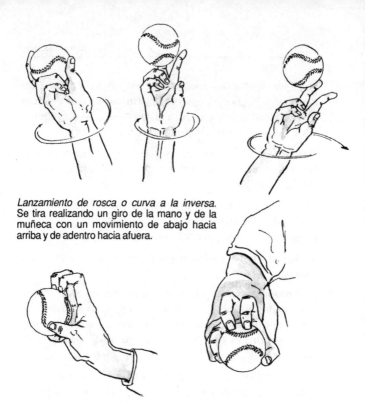

Lanzamiento de rosca o curva a la inversa. Se tira realizando un giro de la mano y de la muñeca con un movimiento de abajo hacia arriba y de adentro hacia afuera.

Bola de nudillos. Se realiza apoyando la primera falange de los dedos índice y medio entre las costuras en su parte más estrecha.

Bola de tenedor o de horquilla. La pelota se agarra formando una horquilla con los dedos índice y medio.

(C) Demorar intencionalmente el juego mediante lanzamientos hechos a jugadores distintos al receptor, cuando el bateador se encuentra en posición, excepto que se trate de un intento de poner out a un corredor.

Penalidad: si después de ser amonestado por el árbitro, el lanzador repite tales acciones dilatorias, será expulsado del juego.

(D) Lanzar intencionalmente contra el bateador. Si a juicio del árbitro ocurriera esta violación, éste podrá elegir entre las siguientes opciones:

1. Expulsar del juego al lanzador, o al lanzador y al mánager;

2. Amonestar al lanzador y al mánager de ambos equipos, expresándoles que si se hiciera otro lanzamiento como el que se efectuó, traerá como resultado la inmediata expulsión del lanzador (o su sustituto) y la del mánager.

Si a juicio del árbitro las circunstancias lo aconsejan, éste puede advertirles oficialmente a ambos equipos, con anterioridad al inicio del juego o en cualquier momento, que no se tolerarán tales lanzamientos.

Los presidentes de las ligas pueden tomar acciones adicionales bajo la autoridad prevista en la Regla (9.05).

El lanzarle a la cabeza de un bateador es un acto antideportivo y altamente peligroso, debe ser condenado, y así lo es.

Los árbitros deben actuar sin vacilación para hacer que esta regla se cumpla.

8.03 Cuando un lanzador toma su posición al comienzo de un inning o cuando releva a otro, se le permite lanzar no más de ocho envíos preparatorios o de calentamiento a su receptor, en cuyo lapso de tiempo el juego queda suspendido. Una liga, por su propia cuenta, puede limitar el número de lanzamientos de calentamiento a un número menor de ocho, y tales envíos (lanzamientos) no deberán consumir más de un minuto de tiempo.

Si una repentina emergencia causa que el lanzador entre al juego sin haber tenido la oportunidad de calentar el brazo, el árbitro principal le permitirá efectuar tantos lanzamientos de calentamiento como estime el árbitro.

8.04 Cuando las bases están desocupadas, el lanzador debe enviar la pelota al bateador dentro de un lapso de veinte (20) segundos a partir de haber recibido la pelota. Cada vez que el lanzador retarde el juego por la violación de esta regla, el árbitro deberá cantarle 'bola'.

La intención de esta regla es evitar retardos innecesarios del juego. El árbitro debe insistir en que el receptor haga un retorno rápido de la pelota al lanzador, y que éste tome su posición sobre el cajón en forma expedita. Las demoras evidentemente que realice un lanzador deben ser penalizadas inmediatamente por el árbitro.

8.05 Si hay un corredor o corredores en base, será 'balk' cuando:

(a) Estando el lanzador en su posición y en contacto con el plato, realice cualquier movimiento que esté naturalmente asociado a su forma de lanzar, y deje de enviar el lanzamiento.

Si un lanzador zurdo o derecho mueve su pie libre por detrás del borde de la caja de lanzar, estará obligado a efectuar el lanzamiento al bateador excepto en el caso de un tiro a la segunda base con el objeto de sorprender al corredor allí ubicado.

(b) El lanzador, estando en contacto con el plato, simula que va a efectuar un tiro a la primera base, y no lo hace.

(c) El lanzador, estando en contacto con el plato, deja de dar un paso directamente hacia una base antes de lanzar hacia ella.

Se requiere que el lanzador (pitcher) mientras está en contacto con la caja de lanzar dé un paso hacia la base antes de lanzar la pelota hacia ella. Si un lanzador se voltea o gira en su pie libre, sin haberlo separado de su posición o si voltea su cuerpo y lanza sin haber dado el paso, se considera que hay 'balk'.

El lanzador debe dar un paso directamente hacia la base antes de lanzar a ella, pero no se requiere que haga el lanzamiento (con excepción de la primera base) por el solo hecho de haber dado el paso en dirección a la base. Es permisible, con corredores en primera y tercera, que el lanzador tome un paso hacia la tercera y no haga el tiro a ésta, sólo con el fin de intimidar al corredor para que regrese a la tercera; entonces al observar al corredor de la primera correr hacia la segunda, dar la vuelta y dar un paso hacia la primera y lanzar hacia ella. Esto es legal. Sin embargo, con corredores en primera y tercera, si el lanzador, mientras está en contacto con la caja, da un paso hacia la tercera e inmediatamente y prácticamente con el mismo movimiento gira y lanza a primera, es obvio que se trata de engañar al corredor de la primera, y en este tipo de movimiento resulta prácticamente imposible dar otro paso directamente hacia la primera antes de lanzar a ella, considerándose por tanto que ha ocurrido un 'balk'. Por supuesto, si el lanzador no estaba pisando la caja y ejecuta el movimiento antes descrito, no será 'balk'.

(d) El lanzador, mientras hace contacto con la caja, lanza, o simula un tiro a una base que esté desocupada, excepto cuando está realizando una jugada.

(e) El lanzador (pitcher) hace un lanzamiento ilegal.

El llamado lanzamiento apresurado (quick pitch) se considera como lanzamiento ilegal. Los árbitros juzgarán un lanzamiento apresurado a aquel que es enviado antes de que el bateador se haya acomodado razonablemente en la caja de bateo.

Con corredores en base, la penalidad será un 'balk'; sin corredores en base sería una 'bola'. El llamado lanzamiento apresurado es peligroso y no debe admitirse.

(f) El lanzador le hace un lanzamiento al bateador sin estar mirándolo.

(g) El lanzador realiza cualquier movimiento que esté asociado naturalmente a su modo de lanzar, sin estar en contacto con la caja de lanzar.

(h) El lanzador demora innecesariamente el juego.

(i) El lanzador, sin tener la pelota en su poder, se para sobre la caja de lanzar o con ambos pies a cada lado de ésta (a horcajadas), o estando fuera de la caja, simula efectuar un lanzamiento.

(j) El lanzador, después de ponerse en una posición legal para lanzar, retira una mano de la pelota de otra forma que no sea realmente para hacer su lanzamiento o tirar a una base.

(k) El lanzador, mientras está tocando el plato de lanzar, deja caer la pelota al suelo, sea en forma intencional o accidental.

(l) El lanzador, mientras está dando una base por bolas intencional, hace un lanzamiento, sin que el receptor (catcher) se encuentre dentro de la caja del receptor (catcher's box).

(m) El lanzador hace lanzamientos desde su posición de preparado (set position) sin haber hecho la parada reglamentaria.

Penalidad: la pelota queda muerta, y los corredores pueden avanzar una base, sin riesgo de ser puestos out, a menos que el bateador llegue a primera base por hit, error, base por bolas, bateador golpeado o cualquier otra causa, y todos los demás jugadores podrán avanzar por lo menos una base en cuyo caso el juego prosigue sin tener en cuenta el 'balk'.

Reglamentación aprobada: en los casos en los que un lanzador comete 'balk' y además hace un lanzamiento descontrolado (wild), sea a una base o al home, el corredor o los corredores pueden avanzar más allá de la base a la que tenían derecho, bajo su propio riesgo.

Reglamentación aprobada: un corredor que deje de pisar la primera base a la que tenga derecho, y que por apelación fuera puesto out, se le considerará como si avanzara una base, para los efectos de esta regla.

Los árbitros deberán tener en cuenta que el propósito de la regla 'balk' es impedir que el lanzador deliberadamente engañe al corredor de bases. Si hay alguna duda, el árbitro, a su juicio, determinará la intención que haya tenido el lanzador.

No obstante, deberá mantener en mente algunos detalles específicos:

(a) Montarse sobre la caja de lanzar sin tener la pelota en su poder debe interpretarse como un intento de engaño y decretado 'balk'.

(b) Con un corredor en primera base el lanzador puede hacer un giro completo, sin vacilar, hacia la primera y tirar a segunda. Esto no debe interpretarse como que ha lanzado a una base desocupada.

8.06 Una liga profesional debe adoptar la siguiente regla, en lo que se refiere a la visita del mánager o coach al lanzador (pitcher): **(a)** esta regla limita el número de veces que un mánager o coach pueden visitar a un determinado lanzador durante un inning; **(b)** una segunda visita hecha al mismo lanzador en un mismo inning originará la remoción automática de dicho lanzador;

(c) se prohíbe que el mánager o coach hagan una segunda visita al montículo, mientras toma su turno un mismo bateador, pero (d) si dicho bateador es sustituido por un bateador emergente, el mánager o coach pueden hacer una segunda visita al montículo, pero deben remover al lanzador.

Se considera que un mánager o coach ha concluido (terminado) su visita al montículo cuando sale del círculo de 18 pies que rodea la caja de lanzar.

Si el mánager o coach van donde el catcher (receptor) o infielder y luego ese jugador va hasta el montículo o si el lanzador se acerca a éste antes de que se produzca una acción intermedia (un lanzamiento o una jugada), se considerará como si el mánager o coach hayan ido hasta el montículo.

Cualquier intento de evadir o circundar esta regla, por parte del mánager o coach al ir donde el receptor u otro infielder, y que este jugador vaya luego al montículo a conferenciar con el lanzador será igualmente considerado como un viaje al montículo.

Si un coach va hasta el montículo y saca al lanzador (lo sustituye) y luego el mánager va hasta el montículo a hablar con el nuevo lanzador, ya este solo hecho constituye una visita al nuevo lanzador en ese inning.

En el caso de que el mánager haya hecho un primer viaje al montículo y regresa una segunda vez en el mismo inning, estando en el juego el mismo lanzador y el mismo bateador tomando turno, y después de haber

POSICIÓN DEL LANZADOR PARA FILDEAR

Una vez terminado el lanzamiento, el lanzador debe adoptar inmediatamente la posición del infielder con el fin de poder fildear un toque de bola o cualquier batazo que caiga cerca del montículo y estar en capacidad de lanzar la pelota a cualquier base.

sido advertido por el árbitro que no puede regresar al montículo, el mánager será expulsado del juego y se obligará al lanzador a lanzarle a dicho bateador, hasta que éste sea puesto out o se convierta en corredor de bases, el mencionado lanzador debe también ser expulsado del juego. El mánager debe ser notificado de que su lanzador será sacado del juego después que termine de lanzarle al bateador, de tal forma que pueda calentar un nuevo lanzador.

Al lanzador sustituto le será permitido ocho lanzamientos preliminares desde el montículo, o más si a juicio del árbitro las circunstancias así lo justifican.

9.00 EL ÁRBITRO (UMPIRE)

9.01 (a) El presidente de la liga designará a uno o más árbitros (umpires) para actuar oficialmente en cada juego de campeonato de la liga. Los árbitros serán los responsables de que el juego se desarrolle en concordancia con estas reglas oficiales y que se mantengan la disciplina y el orden en el campo de juego durante el partido.

(b) Cada árbitro (umpire) es el representante de la liga y del béisbol profesional, y está autorizado y obligado a hacer respetar todas estas reglas. Cada árbitro tiene la autoridad para ordenarle a un jugador, coach, mánager o sustituto abstenerse de realizar cualquier acto que afecte la aplicación de esta regla, y a imponer las sanciones prescritas.

(c) Cada árbitro (umpire) tiene la autoridad para descalificar a cualquier jugador, coach, mánager o sustituto por protestar sus decisiones y por asumir una conducta antideportiva o utilizar un lenguaje inapropiado, y podrá expulsar del terreno a la persona que incurra en ello. Si un árbitro descalifica a un jugador mientras esté desarrollando una jugada, no se aplicará dicha descalificación hasta tanto haya posibilidad de más acciones en dicha jugada.

(d) Cada árbitro (umpire) tiene la autoridad para descalificar a cualquier jugador, coach, mánager o sustituto por protestar sus decisiones o por asumir una conducta antideportiva o utilizar un lenguaje inapropiado, y podrá expulsar del terreno a la persona que incurra en ello. Si un árbitro descalifica a un jugador mientras esté desarrollando una jugada, no se aplicará dicha descalificación hasta tanto haya posibilidad de más acciones en dicha jugada.

(e) Cada árbitro (umpire) tiene autoridad discrecional de expulsar del campo de juego a (1) cualquier persona cuyas ocupaciones lo autoricen a estar en el campo de juego, tales como personal de mantenimiento, acomodadores, fotógrafos, periodistas, miembros de las transmisiones de radio o Tv., etc. o (2) cualquier espectador u otra persona no autorizada para estar en el campo de juego.

9.02 (a) Cualquier decisión de los árbitros que sea a criterio, tales como, pero sin ser limitativas, de que si un batazo fue fuera o foul, o si un lanzamiento fue strike o bola, o si un corredor fue out o safe, es inapelable. Ningún jugador, coach, mánager o sustituto podrá objetar tales decisiones de apreciación.

Los jugadores que dejen su posición a la defensiva o de sus bases, o mánager o coach que salgan del banco, o coaches que salgan de su caja de coach, para discutir sobre Bolas y strikes, no se les permitirá hacerlo. Deben ser advertidos, si comienzan a protestar, de la sentencia de continuar haciéndolo se les expulsará del juego.

(b) De existir una duda razonable de que una decisión del árbitro pueda estar en conflicto con estas reglas, el mánager puede apelar la decisión y exigir que se aplique la reglamentación correcta. Este tipo de apelación solo le será hecha al árbitro que realizó la decisión protestada.

(c) Si se apela una decisión, el árbitro que esté decidiendo puede consultar con otro árbitro (umpire) antes de tomar su decisión final. Ningún árbitro debe criticar, a menos que lo haya solicitado el otro árbitro.

El mánager o el receptor pueden pedirle al árbitro principal solicitar ayuda a sus compañeros para determinar sobre si el bateador hizo un medio swing sobre un lanzamiento, cuando el árbitro principal haya cantado 'bola', pero no podrá hacerse cuando dicho lanzamiento haya sido cantado 'strike'. El mánager no podrá quejarse de que el árbitro haya hecho una sentencia inapropiada, sino solamente indicarle que no consultó a su compañero para pedirle su ayuda. Los árbitros del resto del campo deben estar alerta y responder rápidamente a la consulta que les haga el árbitro principal. Los mánagers no podrán protestar una sentencia de bola o strike bajo el pretexto de pedir información sobre un medio 'swing'.

Las apelaciones que se hagan sobre un medio 'swing', sólo se podrán hacer cuando se cante una bola, y cuan-

Posiciones de los defensores, en las bases *(infield)* o en los jardines *(outfield)*.

do ello se haga el árbitro principal consultará al árbitro de bases para conocer su juicio al respecto. Si el árbitro de bases considera que el lanzamiento fue strike, dicha decisión prevalecerá.

Los corredores de bases deben estar alerta y pendientes de la posibilidad de que el árbitro de bases, al ser consultado por el árbitro principal, pueda cambiar la sentencia 'bola' por la de 'strike', en cuyo evento el corredor estaría en peligro de ser puesto out por un tiro del receptor (catcher). Así mismo, el receptor debe estar alerta en una situación de robo, si una pelota cantada bola se cambia por strike por el árbitro de base.

Cuando hay apelación por un 'medio swing', la pelota sigue en juego.

Si el mánager sale a protestar por un 'medio swing' sea con el árbitro de la primera o de la tercera y después de que le advierte continúa en su protesta, puede ser expulsado de juego, ya que ésta es una jugada de apreciación y por tanto no admite discusión.

(d) Ningún árbitro (umpire) se puede cambiar durante un juego a menos que sea por lesión o enfermedad.

9.03 (a) Si solamente ha sido designado un solo árbitro (umpire) éste tendrá la jurisdicción completa de la administración de estas reglas. Puede ubicarse en cualquier posición del terreno que le permita cumplir sus funciones (usualmente detrás del receptor pero algunas veces detrás del lanzador cuando hay corredores en base).

(b) Si hay dos o más árbitros (umpires) se designará a uno de ellos como árbitro principal (chief umpire) y los demás serán árbitros auxiliares.

9.04 (a) El árbitro principal (chief umpire) se coloca detrás del receptor (usualmente se le llama árbitro del home). Sus deberes serán los siguientes:

(1) Asumir la dirección y ser responsable del correcto desarrollo del juego.

(2) Cantar y llevar la cuenta de las bolas y strikes.

(3) Cantar y decretar las pelotas fair y foul, excepto aquellas que comúnmente están a cargo de los árbitros auxiliares.

(4) Tomar todas las decisiones con respecto al bateador.

(5) Tomar todas las decisiones excepto aquellas que comúnmente están reservadas a los árbitros auxiliares.

(6) Decidir cuándo un juego debe ser confiscado (forfeit).

(7) Si se ha fijado un límite de tiempo, debe anunciarlo antes de iniciarse el juego.

(8) Informar al anotador oficial, la alineación (orden de bateo) y cualquier cambio en ella, al serle solicitado.

(9) Anunciar las reglas especiales de terreno a su discreción.

(b) Un árbitro auxiliar puede tomar la posición en el terreno de juego que a su juicio sea la mejor, para dar decisiones en las bases. Sus deberes son:

(1) Efectuar todas las decisiones en las bases excepto aquellas que estén reservadas específicamente al árbitro principal.

(2) Tener autoridad concurrente con el árbitro principal en lo que se refiere a cantar tiempo, balk, lanzamientos ilegales, y deterioro de la pelota ocasionado por cualquier jugada.

(3) Ayudar al árbitro principal en todo para hacer cumplir, con excepción de la declaratoria de confiscación (forfeit), y tendrá igual autoridad que el árbitro principal para hacer cumplir estas reglas y mantener la disciplina.

(c) Si en un juego se han hecho diferentes decisiones por árbitros diferentes, el árbitro principal convocará a consulta a todos los árbitros auxiliares sin la presencia de los mánagers o jugadores.

Después de la consulta el árbitro principal (a menos que el presidente de la liga haya designado a otro árbitro) será quien determine cuál es la decisión que prevalece, basándose en cuál árbitro se encontraba en la mejor ubicación y cuál de las decisiones era la aparentemente más correcta.

El juego continuará como si sólo se hubiese producido la decisión que fundamentalmente fue tomada.

9.05 (a) El árbitro reportará (informará) al presidente de la liga, en un plazo de 12 horas después de haber finalizado el juego, todas las violaciones de las reglas, y otros incidentes que estime conveniente comentar, así como las razones que tuvo para expulsar del juego a un entrenador, mánager, coach o jugador.

(b) Cuando cualquier entrenador, mánager, coach o jugador sea expulsado del juego por una flagrante ofensa, tales como el uso de lenguaje obsceno o indecente, asalto a un árbitro, entrenador, mánager, coach o jugador, el árbitro debe informar al presidente de la liga, dentro de un lapso de cuatro horas después de finalizado el partido, todos los detalles de lo ocurrido.

(c) Después de haber realizado el reporte del árbitro de que un entrenador, mánager, coach o jugador fue expulsado de un juego, el presidente de la liga deberá imponer las sanciones que a su juicio se justifiquen, y lo notificará a la persona sancionada y al mánager del equipo al cual pertenezca dicha persona. Si la sanción contempla el pago de una multa, la persona sancionada deberá pagarle a la Liga dentro de los cinco días siguientes después de haber sido notificado. La falta de pago oportuno, dentro del lapso señalado, ocasionará que el sancionado no pueda participar en ningún juego y le será prohibido sentarse en el banco durante un juego, hasta tanto la multa sea pagada.

Instrucciones generales para los árbitros (umpires)

Los árbitros (umpires) que estén actuando en el campo de juego no deberán inmiscuirse en conversaciones con los jugadores; mantenerse fuera de las cajas de coach y no conversar con el coach que se encuentre desempeñando sus funciones propias.

Deben mantener su uniforme en buenas condiciones y estar activos y alerta en el campo de juego.

Ser cortés con los directivos de equipos, evitar hacer visitas a las oficinas del equipo y familiarizarse con los empleados y encargados de los equipos (cuando entran a un estudio, su única misión es servir de árbitro en un juego y actuar como el representante del béisbol).

No permitir que las críticas le impidan estudiar cuidadosamente aquellas situaciones conflictivas que pudieren llevar a que un juego sea protestado. Llevar siempre consigo el libro de reglas durante el desempeño de sus funciones. Es mejor consultar las reglas y mantener un compás de espera de diez minutos para decidir sobre un problema complejo, que llevar a que un juego sea anulado y se tenga que repetir.

Mantener el juego en movimiento. A menudo un juego queda mejor por el trabajo enérgico y esforzado de los árbitros.

Los árbitros son los únicos representantes oficiales en el terreno de juego. Muchas veces resulta ser un trabajo exigente que requiere el ejercicio de mucha paciencia y buen juicio, pero no deberá olvidar que el punto esencial del trabajo para resolver una situación difícil es la de mantener su propio temperamento bajo control.

No deben dudar de que pueden cometer errores, pero nunca deben tratar de "emparejar" después de haber tomado una decisión errada. Deben tomar sus decisiones tal como las observan y olvidarse de cuál es el equipo local o el visitante.

Mantener su vista todo el tiempo sobre la pelota mientras ésta está en juego. Es mucho más importante ver dónde cayó un elevado (fly ball), o dónde finalizó una pelota lanzada, que, por ejemplo darse cuenta si algún bateador dejó de pisar una base. No deben cantar las jugadas con demasiada prisa, no voltearse rápidamente cuando un fildeador está lanzando para completar un doble out. Mantenerse alerta con respecto a las pelotas que se le hayan podido caer a un fildeador después de que haya declarado a un corredor out.

No deben venir corriendo con las manos en alto o abajo señalando 'out' o 'safe', sino esperar que se complete la jugada antes de hacer cualquier gesto.

Cada equipo de árbitros debe trabajar con un grupo de señas sencillas, de tal forma que un árbitro se pueda dar cuenta de que cometió un error y pueda corregirlo oportunamente. Cuando el árbitro esté convencido de que su decisión fue la correcta no debe dejarse intimidar por los jugadores que le dicen "pregúntele a otro árbitro"; de no estar seguro, debe preguntarle a uno de sus colegas, y no debe llevar esto al extremo de hacer consultas a cada rato; debe siempre estar alerta y cantar sus propias jugadas. Pero debe recordar que lo principal es tomar decisiones correctas. Si tiene dudas no debe titubear de hacer consultas. La dignidad del árbitro es muy importante pero es más importante que la decisión sea la correcta.

Una regla muy importante para los árbitros (umpires) es la de estar siempre "en posicion de ver cada jugada". Aun cuando su decisión sea ciento por ciento acertada, los jugadores siempre cuestionarán que no estaba colocado para poder ver la jugada en forma clara y definida.

Finalmente, el árbitro debe ser cortés, imparcial y firme, y de esa forma ganarse el respeto de todos.

10.00 EL ANOTADOR OFICIAL

10.01 (a) El presidente de la Liga designará un Anotador Oficial para cada juego de campeonato. El anotador oficial deberá observar el juego desde una posición cómoda en el palco de la prensa. El anotador será la única autoridad para tomar todas las decisiones de criterio tales como el caso de que si un corredor se embasó por hit o por error. Deberá comunicar su decisión a la prensa y a las casetas de transmisión por señas manuales o a través del sistema de comunicación interno del palco de prensa y también informará al anunciador oficial en caso de que éste lo solicite.

El anotador oficial deberá tomar todas las decisiones oficiales dentro de un lapso de 24 horas después de que el juego haya finalizado. No se podrá cambiar ninguna jugada de apreciación después de transcurrido dicho lapso, a menos que pida autorización al presidente de la Liga, citándole las razones que tuvo para hacer dicho cambio.

En todos los casos, no se le permitirá al anotador oficial tomar decisiones concernientes a anotaciones que choquen con las reglas de anotación.

Después de cada juego, incluyendo los juegos confisca-
dos (for feit) y terminados (called), deberá preparar un
informe en una planilla especial aprobada por el presidente de la Liga, indicando la fecha del juego, lugar
donde se jugó, nombres de los equipos contrincantes y
dos árbitros (umpires), la anotación completa del juego
y todos los registros de cada jugador individual, recopi-
lados de acuerdo al sistema especificado en estas Reglas
Oficiales de Anotación. Debe enviar el informe a las
oficinas de la Liga dentro de las treinta y seis horas
después que el juego haya finalizado. Debe enviar el
respectivo informe de cualquier juego que haya sido suspendido también dentro de un lapso de treinta y seis
horas después de haberse completado dicho partido, o
cuando se convierta en juego oficial debido a no poder-
se completar, tal como está previsto en las Reglas Oficiales de Juego.

(b) (1) Para tener uniformidad en los registros de juego
de campeonato, el anotador debe ceñirse estrictamente
a las Reglas Oficiales de Anotación. El anotador tendrá
autoridad para decidir sobre cualquier punto que no
esté específicamente cubierto en estas reglas.

(2) El anotador deberá informar inmediatamente al árbitro (umpire), cuando el equipo y la defensiva se retire
erróneamente de sus posiciones en el campo antes de
completar tres outs.

(3) Si el juego es protestado o suspendido, el anotador
tomará nota de la situación exacta en el momento de la
protesta o suspensión, incluyendo la anotación (score),

el número de outs, la posición de cada corredor si los hubiere, y el conteo de bolas y strikes del bateador de turno.

Nota: es muy importante que al reanudar un juego suspendido sea con la idéntica situación que existía en el momento de la suspensión. Si se ordena la reanudación de un juego protestado a partir del momento de la protesta, debe reanudarse con la situación exacta existente justo antes de la jugada protestada.

(4) El anotador no tomará ninguna decisión que vaya contra las reglas oficiales de juego o contra una decisión del árbitro (umpire).

(5) El anotador no deberá advertir la atención del árbitro (umpire) o de ningún miembro de ambos equipos, por el hecho de que un bateador haya bateado fuera de turno.

(c) El anotador es un representante oficial de la Liga, y tiene derecho al respeto y dignidad de su cargo, y le será prestada protección completa por el presidente de la Liga. El anotador deberá informar al presidente cualquier expresión indigna hecha por un mánager, jugador, empleado o financiero del equipo en el curso, o como resultado, del cumplimiento de sus funciones.

10.02 El Informe Oficial de Anotación prescrito por el presidente de la Liga tomará las providencias para que se transcriban las informaciones indicadas más abajo, con un formato conveniente para poder recopilar los registros (récords) estadísticos permanentes.

(a) Los registros siguientes para cada bateador y corredor:

(1) Número de veces al bate, excepto que no se cargará turno al bate al bateador cuando:

(I) Batee un toque o un elevado (fly) de sacrificio.

(II) Se le otorga la primera base por cuatro bolas cantadas.

(III) Es golpeado por una pelota lanzada por el pitcher (lanzador).

(IV) Se le otorga la primera base por interferencia u obstrucción.

(2) Número de carreras anotadas.

(3) Número de hits.

(4) Número de carreras empujadas.

(5) Hits de dos bases (Dobles).

(6) Hits de tres bases (Triples).

(7) Cuadrangulares (Home run).

(8) Total de bases alcanzadas por hits.

(9) Bases robadas.

(10) Toques de sacrificio.

(11) Elevados (flies) de sacrificio.

(12) Número total de bases por bolas.

(13) Lista separada de bases por bolas intencionales.

(14) Número de veces golpeado por el lanzador (pitcher).

EL RECEPTOR

Lo más necesario en un equipo de béisbol es un receptor habilidoso, inteligente, con gran espíritu de combatividad y capaz de inspirar al conjunto con su trabajo detrás del home. El receptor adopta una posición agachada en cuclillas los más cerca posible del bateador, con los pies paralelos y separados a una distancia no mayor que la anchura de los hombros.

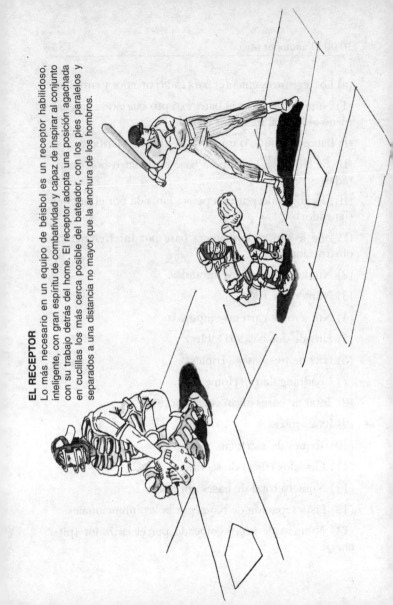

El receptor adopta dos posiciones detrás del bateador, una para dar las señas (a) y la otra para indicarle al lanzador que está preparado para recibir los lanzamientos (b). Para dar las señales, la muñeca de la mano derecha se coloca sobre la ingle o a lo largo de la parte interior del muslo derecho, de manera que mueva únicamente los dedos.

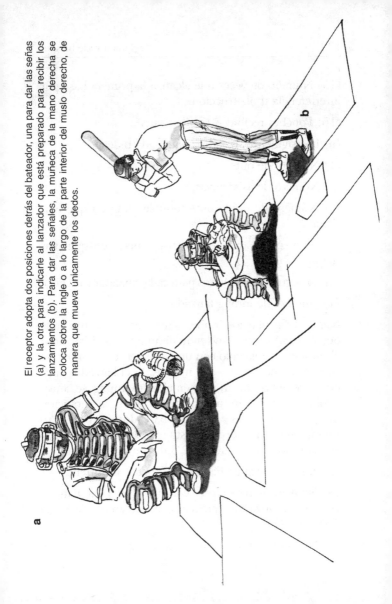

(15) Número de veces que alcanza la primera base por interferencia u obstrucción.

(16) Ponches recibidos (Strikes outs).

(b) Los siguientes registros para cada fildeador:

(1) Número de outs.

(2) Número de asistencias.

(3) Número de doble outs (double play) en que participó.

(4) Número de triple outs (triple play) en que participó.

(c) Los siguientes registros para cada lanzador (pitcher):

(1) Número de inning lanzados.

Nota: al calcular los innings lanzados, se cuenta cada out realizado como un tercio de inning. Si el lanzador abridor es remplazado con un out en el sexto inning, se considera que lanzó 5 1/3 innings. Si el lanzador abridor es remplazado sin outs en el sexto inning, se considera que lanzó 5 innings, y debe hacerse la anotación de que se enfrentó a 'tantos' bateadores en el sexto inning. Si un lanzador relevista realiza dos outs y luego es sustituido, se le acredita 2/3 de innings lanzados.

(2) Número total de bateadores al cual se enfrentó.

(3) Número de bateadores con turno oficial al bate en contra del lanzador, calculados de acuerdo a la Regla 10.02 (a) (1).

(4) Número de hits permitidos.

(5) Número de carreras permitidas.

(6) Número de carreras limpias permitidas.

(7) Número de cuadrangulares (home runs) recibidos.

(8) Número de sacrificios recibidos.

(9) Número de elevados (flies) de sacrificio recibidos.

(10) Número total de bases por bolas concedidas.

(11) Lista separada de bases por bolas intencionales concedidas.

(12) Número de bateadores golpeados (por el lanzador).

(13) Número de ponchados (strike outs).

(14) Número de wild pitches hechos.

(15) Número de balks cometidos.

(d) La siguiente información adicional:

(1) Nombre del lanzador (pitcher) ganador.

(2) Nombre del lanzador (pitcher) perdedor.

(3) Nombre del lanzador abridor y cerrador de cada equipo.

(4) Nombre del lanzador a quien se le acredita el juego salvado (save).

(e) Número de passed balls permitidos por cada receptor (catcher).

(f) Nombre de los jugadores participantes en jugadas de doble out y triple out.

Ejemplo: doble outs (double plays). Espinoza, Díaz, Raven (2), triple outs (triple plays), Espinoza y Raven.

(g) Número de corredores dejados en base por cada equipo. Dicho total debe incluir a todos los jugadores que se embasaron por cualquier medio y que no anotaron en carrera ni fueron puestos out posteriormente. Se incluye también al bateador-corredor cuyo batazo dé como resultado que otro corredor sea retirado para el tercer out.

(h) Nombres de los bateadores que hayan conectado cuadrangular (home run) con las bases llenas.

(i) Nombre de los bateadores que motivaron un doble out forzado y doble out forzado inverso.

(j) Nombre de los corredores puestos out cuando intentaban robar base.

(k) Número de outs existentes cuando se anotó la carrera de la victoria, si el juego es ganado en el último medio inning.

(l) La anotación de carreras por inning de cada equipo.

(m) Nombre de los árbitros (umpires), listados en el siguiente orden: (1) árbitro principal, (2) árbitro de primera base, (3) árbitro de segunda base, (4) árbitro de tercera base.

(n) Tiempo de duración del juego, descontando los retardos motivados por mal tiempo o fallas de alumbrado.

10.03 (a) Al recopilar el informe de la anotación oficial, el anotador oficial registrará el nombre de cada jugador y su posición o posiciones de fildear (a la defensiva) en el orden en el cual el jugador tomó turno al bate, o hubiera bateado si es que el juego finaliza antes de tener oportunidad del batear.

Nota: cuando un jugador no se intercambia posiciones con otro sino que es simplemente colocado en una posición distinta mientras toma turno un bateador en particular, no debe anotársele como si tomara otra posición.

Ejemplos: (1) el jugador de la segunda se ubica en los jardines para formar un outfield de cuatro hombres; (2) el jugador de la tercera base se coloca entre los jugadores del campo corto y de la segunda base.

(b) Todo jugador que entre en un partido como bateador o corredor sustituto, continúe o no en el juego, se le debe identificar en el orden al bate con un símbolo especial, que se referirá a un registro separado de sustitutos de bateadores y corredores. Se recomienda usar letras minúsculas como símbolos de los bateadores sustitutos y números para identificar a los corredores sustitutos. El registro para bateadores sustitutos deberá indicar lo que hizo el bateador sustituto.

Ejemplo: A conectó un sencillo por Fulano en el tercer inning; B falló con elevado por Sutano en el sexto inning; C fue out por roletazo bateando por Mengano en el noveno inning, corrió por Martín en el noveno inning.

El registro de sustituto de bateadores y corredores debe incluir el nombre de cualquier sustituto cuyo nombre sea anunciado pero que a su vez fue remplazado por un segundo sustituto antes de haber actuado en el juego. Estos tipos de sustituciones serán registradas como: "E anunciado como sustituto por González en el séptimo inning". El segundo sustituto, sea como corredor o como bateador, se registrará como de haber corrido o bateado, por el sustituto anunciado en primer lugar.

Cómo comprobar la anotación (box score)

(c) Un box score está balanceado (o comprobado) cuando el total de las veces al bate del equipo, bases por bolas recibidas, bateadores golpeados, toques de sacrificio, elevados (flies) de sacrificio y número de jugadores a quienes se les otorgó la primera base por interferencia u obstrucción sea igual al total de las carreras anotadas por el equipo, jugadores quedados en base y el número de outs realizado por el equipo contrario.

Cuándo un bateador batea fuera de turno

(d) Cuando un jugador batea fuera de turno, y es puesto out, y el bateador correcto (legal) es cantado out antes de que la pelota sea lanzada al siguiente bateador se le carga su turno al bate al bateador correcto y se anota el out y la asistencia si las hubiere, igual que si se hubiese seguido el orden legal de bateo. Si un bateador incorrecto (ilegal) se convierte en corredor activo y el bateador correcto es cantado out por haber dejado su turno al bate, se le cargará al bateador correcto un turno al bate, se le acredita haber hecho el out al receptor (catcher), y se ignora todo lo que concierne al hecho de que el corredor incorrecto hubiera llegado a salvo a la primera base. Si más de un bateador batea fuera de turno en forma sucesiva, se anotan todas las jugadas tal como ocurrieron, pasando por alto el turno al bate del jugador o jugadores que inicialmente omitieron batear en el orden correcto.

Juegos cantados (called) y confiscados (forfeit)

(e) (1) Si un juego se le canta como reglamentario, se deben incluir todos los registros de todas las acciones individuales o de cualquier ocurrido hasta el momento en que haya finalizado el juego tal como se define en las Reglas 4.10 y 4.11. Si es un juego empatado, no se indican los lanzadores ganadores o perdedores.

(2) Si un juego reglamentario en confiscado (forfeited) se incluye todos los registros individuales y del equipo hasta el momento en que se confisca el juego. Si el equipo ganador, por vía de la confiscación, estuviera en la delantera en el momento en que el juego se confisca se acredita como ganador, y perdedor a los lanzadores que habrían sido considerados como tales; si el juego hubiera sido suspendido en el momento de la confiscación estaba perdiendo o el juego se encontraba empatado en

el momento de la confiscación, no habrá lanzador ganador ni perdedor. Si un juego se confisca antes de ser un juego reglamentario, no se incluye ningún registro, sólo se reporta el hecho de la confiscación.

Carreras empujadas

10.04 (a) Se le acredita al bateador todas las carreras que lleguen al home como resultado de un hit, toque de sacrificio, out en el cuadro o fielder's choice; o que es forzado al home por motivo de que el bateador se convierta en corredor con las bases llenas (por una base por bolas, o que se le otorgue la primera base por haber sido tocado por un lanzamiento, o por interferencia u obstrucción).

(1) Al bateador que conecte un cuadrangular (home run) se le acredita una carrera empujada debido a la carrera que él mismo anota. También se le acredita una carrera empujada por cada corredor que hubiera encontrado en base cuando se produjo el cuadrangular y que haya anotado delante del bateador que conectó el cuadrangular.

(2) Se acredita una carrera empujada al bateador cuando, habiendo menos de dos outs, la defensiva comete un error en una jugada, durante la cual un corredor de tercera base ordinariamente hubiera anotado en carrera.

(b) No se le acredita carrera empujada al bateador cuando éste produce un roletazo (rolling) que origine un doble out (double play) forzado o un doble out forzado invertido (reverse force double play).

(c) No se le acredita carrera empujada al bateador cuando un fildeador comete error al completar un tiro a la primera base con el que se hubiera completado una doble matanza (double play).

(d) El anotador, a su juicio, determinará si se acredita o no carrera empujada cuando se anota en carrera debido a que el fildeador se queda con la pelota, o hace un tiro a la base equivocada. Ordinariamente, si el corredor se mantuvo avanzando, se acredita la carrera empujada al bateador; si el corredor se para y luego continúa cuando percibe la equivocación, se acredita la carrera anotada por 'fielder's choice'.

Batazos de hit

10.05 Se anotará hit (inatrapable) en los casos que se estudian a continuación:

(a) Cuando un bateador llegue a la primera (o a cualquier base siguiente) sin ser puesto out, mediante una pelota bateada de fair que corra por el suelo o que toque una cerca antes se ser tocada por un fildeador, o que pase por encima de una cerca.

(b) Cuando un bateador llegue a la primera base sin ser puesto out, mediante una pelota fair bateada con tanta fuerza, o tan lentamente, que cualquier fildeador que intente realizar la jugada no tenga oportunidad de lograrla.

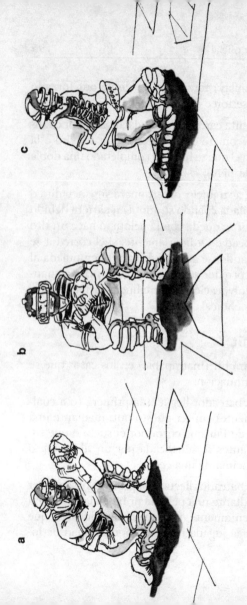

DIFERENTES POSICIONES DEL RECEPTOR

a. *Posición sin corredores en bases.* El receptor puede asumir una posición cómoda y balanceada.

b. *Posición con corredores en bases.* El cuerpo se mantiene un poco más levantado y se debe desechar la posición de recibir los lanzamientos con una rodilla en tierra.

c. *Técnica para bloquear los lanzamientos.* Los lanzamientos que pican delante del home son difíciles de recibir, para lo cual el receptor lo mejor que puede hacer es dejarse caer sobre ambas rodillas para bloquear la pelota, en vez de tratar de recibirla limpiamente.

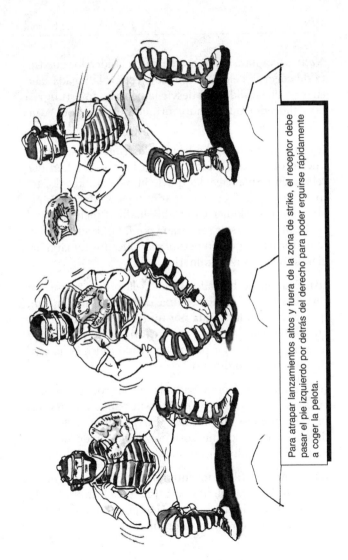

Para atrapar lanzamientos altos y fuera de la zona de strike, el receptor debe pasar el pie izquierdo por detrás del derecho para poder erguirse rápidamente a coger la pelota.

Nota: se anotará como hit, cuando el fildeador que trata de coger la pelota no puede efectuar la jugada, aun cuando dicho fildeador desvíe la pelota o interrumpa a otro fildeador que sí hubiera podido poner out a un corredor.

(c) Cuando un bateador llegue a la primera base, sin ser puesto out, mediante una pelota bateada en fair, que rebote en forma irregular que le impida al fildeador tomarla con un esfuerzo ordinario, o si tocada la caja del lanzador o cualquier base (almohadilla) incluyendo al home plate, antes de ser tocada por un fildeador y rebote en forma tal que no permita al fildeador tomarla haciendo un esfuerzo ordinario.

(d) Cuando un bateador llegue a la primera base, sin ser puesto out, mediante una pelota bateada en fair, que no haya sido tocada por un fildeador y la cual llegue al outfield (jardines) en territorio fair, a menos que a juicio del anotador pudo haber sido fildeada haciendo un esfuerzo ordinario.

(e) Cuando una pelota bateada en fair toque a un corredor o a un árbitro (umpire) sin haber sido tocada previamente por un fildeador. *Excepción:* no se le acredita un hit cuando un corredor es declarado out por haber sido tocado por un 'infield fly'.

(f) Cuando un fildeador intenta, sin éxito, poner out a un corredor precedente, y a juicio del anotador, el bateador-corredor no hubiera sido puesto out en la primera base con un esfuerzo ordinario.

Nota: al aplicar las reglas anteriores, se le debe dar siempre el beneficio de la duda al bateador. El mejor camino a seguir es anotar un hit cuando el bateador llegue a la primera base a salvo, a pesar de que el fildeador haya realizado una jugada defensiva excepcional.

10.06 No se debe anotar hit en los casos siguientes:

(a) Cuando un corredor es puesto out forzado por una pelota bateada, o hubiera sido out forzado de no haberse producido un error.

(b) Cuando el bateador batea aparentemente de hit y un corredor obligado a avanzar, por haberse convertido el bateador en corredor, deja de pisar la siguiente base a la cual está avanzando y es cantado out por apelación. Se le debe cargar al bateador un turno al bate pero sin acreditarle hit.

(c) Cuando el lanzador (pitcher), el receptor (catcher) o cualquier jugador de cuadro (infielder), al manipular una pelota bateada pone out a un corredor precedente que estaba tratando de avanzar una base o regresar a su base original, o que hubiere puesto out a dicho jugador con un esfuerzo ordinario, excepto cuando hay un error de fildeo, se le debe cargar al bateador un turno al bate pero sin acreditarle hit.

(d) Cuando un fildeador falla en su intento de poner out a un corredor precedente, y a juicio del anotador el bateador-corredor pudiera haber sido puesto out en la primera base.

Nota: esto no se aplica si el fildeador meramente mira o amaga hacia otra base antes de intentar hacer el out en la primera base.

(e) Cuando a un corredor se le declara out por interferencia mientras un fildeador intenta fildear una pelota bateada, a menos que a juicio del anotador, el bateador-corredor habría llegado a salvo a la primera base de no haberse producido la interferencia.

Determinación del valor de los hits

10.07 Para determinar si un hit se debe anotar como de una base, dos bases, tres bases o cuadrangular (home run), cuando no haya ocurrido ni errores ni outs, se hará en la forma siguiente:

(a) De acuerdo con lo prescrito en 10.07 (b) y (c), se considera un hit de una base (sencillo) cuando el bateador se para en la primera base; si se para en la segunda base, es un hit de dos bases (doble); si se para en la tercera base es un hit de tres bases (triple); es un cuadrangular (home run) cuando el bateador toca las bases (incluido el home) y anota en carrera.

(b) Cuando, con uno o más corredores en base, el bateador avanza más de una base con un hit y el equipo defensivo hace intento de retirar (poner out) a un corredor que lo precede, el anotador deberá determinar si el bateador logró o no un doble o un triple legítimo (según sea el caso), o si fue que avanzó más allá de la primera base, debido a un 'fielder choice'.

Nota: no se le debe acreditar un hit de tres bases (triple) a un bateador, cuando un corredor que lo precede es puesto out en el home, o hubiera sido out si no se comete error. No se acredita al bateador un hit de dos bases (doble), cuando un corredor que lo precede, tratando de avanzar desde la primera hasta la tercera base, es puesto out en la tercera o hubiera sido out si no se comete un error. Sin embargo, con la excepción de lo anterior, no se debe determinar el valor de los hits basándose en el número de bases que avance un corredor precedente. Un bateador puede merecer un hit de dos bases, aunque el corredor que lo preceda no avance sino una sola base o ninguna base, en cambio puede merecer solamente un sencillo aun cuando llegue hasta la segunda base y el corredor que lo precede avance dos bases.

Ejemplos: (1) corredor en primera, el bateador conecta un hit al jardín izquierdo, y de allí tiran a tercera base en un intento infructuoso por retirar al corredor. El bateador aprovecha la jugada para llegar hasta la segunda. Se le acredita sencillo al bateador (2) corredor en segunda. El bateador conecta un elevado (fly) en territorio fair y el corredor espera en su base para determinar si la pelota es atrapada y avanza solamente hasta la tercera base, mientras el bateador llega hasta la segunda. Se le acredita un doble al bateador (3) corredor en tercera. El lanzador conecta un elevado (fly) en territorio fair. El corredor que se había adelantado un poco de su base, regresa a pisarla creyendo que la pelota puede ser atrapada pero la pelota cae de hit y el corredor no puede anotar, pero el bateador llega hasta la segunda base. Se le acredita al bateador un hit de dos bases (doble).

(c) Cuando un bateador intenta alargar su hit a doble o a triple, debe retener la última base a la cual avanzó. Si en su deslizamiento se pasa de dicha base y en su intento de regresar a ella es puesto out, se le acreditará únicamente sin el número de bases que alcanzó a salvo. Si al deslizarse en la segunda base se pasa de ésta y es puesto out, se le acredita solamente un sencillo, si se pasa de la tercera y es puesto out se le acredita un doble.

Nota: si el bateador en su carrera se pasa de la segunda o de la tercera base y es puesto out tratando de regresar se le acredita con la última base que haya tocado. Si en su carrera, se pasa de la segunda base después de haberla pisado y al tratar de regresar a ella lo tocan y es puesto out, se le acredita dos bases (doble). Si se pasa en su carrera de la tercera base después de pisarla, y al querer regresar a ella es puesto out se le acreditan tres bases (triple).

(d) Cuando el bateador después de conectar un hit es cantado out por haber dejado de pisar una base, se determinará el valor de dicho hit de acuerdo con la última base a la cual llegó a salvo, y en esa forma se le acredita con un sencillo, un doble o un triple. Si se le canta out por haber dejado de pisar el home, se le acredita un triple. Si se le canta out por haber dejado de pisar la segunda se le acredita un sencillo. Si se le canta out por haber dejado de pisar la primera, se le carga un turno al bate, pero no se le acredita hit.

(e) Cuando al bateador-corredor se le acreditan dos bases, tres bases o un cuadrangular (home run) bajo las disposiciones de las Reglas de Juego 7.05 ó 7.06 (a) se le acreditará con un doble, un triple o un home run, según sea el caso.

Hits que terminan un juego

(f) De acuerdo con las disposiciones de la Regla 10.07 (g) cuando un bateador finaliza un juego con un hit que empuja tantas carreras como sean necesarias para darle ventaja a su equipo, se le deberá acreditar solamente un hit de tantas bases como sean avanzadas por el corredor que anote la carrera de triunfo, y esto solamente si el bateador hace el recorrido de tantas bases como las que hizo el corredor de la carrera de triunfo.

Nota: esta regla se aplica cuando el bateador teóricamente tenga derecho a más bases por causa de que se le otorgue un extra-bases 'automático' de acuerdo con las diversas provisiones en las Reglas de Juego 6.09 y 7.05.

(g) Cuando un bateador termine un juego bateando un cuadrangular (home run) fuera del campo, tanto él como los corredores que estén en base tienen derecho a anotar en carrera.

Bases robadas

10.08 Se le acredita una base robada a un corredor cuando avance una base sin la ayuda de un hit, un out, un error, un out forzado, un 'fielder's choice', un 'passed ball', un 'wild pitch' o un 'balk', sujeto a los siguientes puntos:

(a) Cuando un corredor arranque a correr hacia la próxima base antes de que el lanzador suelte la pelota y su lanzamiento resulte en lo que ordinariamente se anota como 'wild pitch' o 'passed ball', se le acredita una base robada al corredor y no se toma en cuenta el 'wild pitch' o 'passed ball'. *Excepción:* si como resultado de lo anterior el corredor que intenta robar, avanzó una base adicional, u otro corredor también avanza, entonces se anota el 'wild pitch' o el 'passed ball' al igual que la base robada.

(b) Cuando un corredor está tratando de robar, y el receptor (catcher) después de recibir el lanzamiento, hace un mal tiro al tratar de evitar el robo, se acredita una base robada. No se carga error, a menos que el mal permita al estafador una o más bases adicionales (extras), o permita a otro corredor avanzar, en cuyo caso se acredita la base robada y se le carga error al receptor (catcher).

(c) Cuando un corredor que intenta robar, después de haber sido sorprendido fuera de base, evita ser puesto out en una jugada corre-corre (run down) y avanza hasta la siguiente base sin haberse cometido error, se acredita al corredor con una base robada. Si otro corredor también avanzó en dicha jugada, se acredita base robada a ambos corredores. Si un corredor avanza mientras otro corredor intenta robarle una base, evade ser puesto out en jugada de corre-corre y regresa a salvo a la base que originalmente estaba ocupando, sin la ayuda de un error, se le acredita base robada al corredor que avanzó.

(d) Cuando se intenta un doble o un triple robo y uno de los corredores es out antes de llegar a la base que intenta robar, no se le acredita base robada a ninguno de los corredores.

(e) Cuando un corredor al deslizarse se pasa de la base y es tocado out, mientras intenta ya sea regresar a la base o seguir a la siguiente, no se le acredita una base robada.

(f) Cuando a juicio del anotador, un corredor que intenta robar una base llega a salvo (safe) debido a que el tiro se le cae al fildeador, no se acredita robo de base. Se le acredita una asistencia al fildeador que hizo el tiro, y se carga un error al fildeador que dejó caer o pasar el tiro, y anótese al corredor como 'atrapado robando' (caught stealing).

(g) No se acredita base robada a un corredor que avanza simplemente por la indiferencia de la defensiva a su avance. Anótese como 'fielder's choice'.

Out robando (atrapado robando)

(h) A un corredor se le cargará en la anotación como 'out robando' (caught stealing), si es puesto out o hubiera sido puesto out, de no haberse cometido un error, cuando:

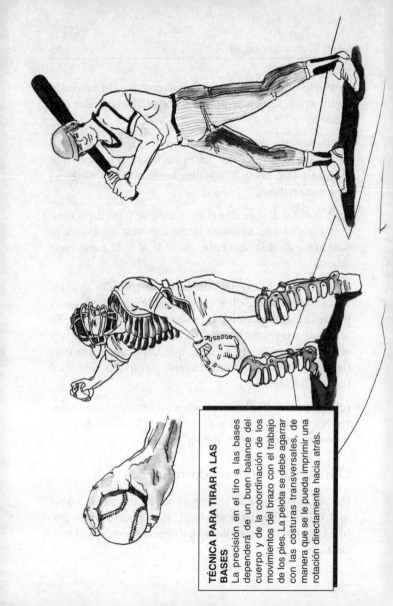

TÉCNICA PARA TIRAR A LAS BASES

La precisión en el tiro a las bases dependerá de un buen balance del cuerpo y de la coordinación de los movimientos del brazo con el trabajo de los pies. La pelota se debe agarrar con las costuras transversales, de manera que se le pueda imprimir una rotación directamente hacia atrás.

1. Para tirar a primera base, con bateador derecho, el receptor no mueve el pie derecho sino que gira sobre él, dando el paso con el izquierdo cuando lanza la pelota.

2. Para tirar a segunda, el receptor avanza hacia el home y tira por delante del bateador.

3. Cuando el tiro es a tercera base, con un bateador derecho, el receptor lanza la pelota por detrás del bateador.

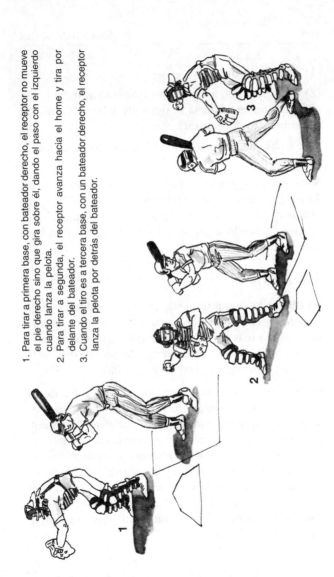

(1) Intenta robar.

(2) Es sorprendido fuera de base e intenta avanzar (cualquier movimiento hacia la siguiente base se considera como intento de avanzar).

(3) Se pasa de la base en su deslizamiento en un intento de robo.

Nota: no se cargará 'out robando' en aquellos casos cuando un lanzamiento del pitcher se le escapa al receptor (catcher) y el corredor es puesto out. No se cargará 'out robando' cuando a un corredor se le otorga una base debido a una obstrucción.

Sacrificios

10.09 (a) Se anota toque de sacrificio (sacrifice bunt) cuando antes de haber dos outs, el bateador haga avanzar a uno o más corredores con un toque y sea puesto out en primera base, o hubiera sido puesto out de no haberse cometido un error en la jugada.

(b) Se anota toque de sacrificio cuando, antes de haber dos outs, los fildeadores manejen una pelota bateada de toque sin cometer error, pero en su intento de poner out a un corredor precedente que avance una base, resulte infructuoso. *Excepción:* cuando el intento de poner out a un corredor precedente, y a juicio del anotador aunque se hubiese realizado una jugada perfecta no hubiese sido posible sacar el out en primera base, al bateador se le acredita un hit sencillo y no un sacrificio.

(c) No se anota toque de sacrificio cuando cualquier corredor es puesto out al tratar de avanzar una base cuando se produce un toque de bola. Se le carga un turno al bateador.

(d) No se anota toque de sacrificio cuando, a juicio del anotador, toca buscando un hit y no con el propósito sólido de hacer avanzar a un corredor o corredores. Se le carga un turno al bate al bateador.

Nota: al aplicar la regla anterior se le debe dar al bateador el beneficio de la duda.

(e) Se anota elevado de sacrificio (sacrifice fly) cuando, antes de haber dos outs, el bateador conecta una pelota en fly o una pelota en línea que es manejada por un jardinero o un jugador del infield corriendo hacia los jardines que:

(1) es atrapada y el corredor anota en carrera después de la atrapada, o

(2) se le cae, y el corredor en carrera, a juicio del anotador, el corredor hubiera podido anotar después de la atrapada, de haber sido atrapada.

Nota: se anota elevado de sacrificio (sacrifice fly) de acuerdo con la Regla 10.09 (e) (2), aunque otro corredor hubiera sido puesto out forzado por haberse convertido el bateador en corredor.

Outs (putouts)

10.10 Se le acredita un out (putout) a cada fildeador que:

(1) Atrape una pelota en elevado (fly) o en lineatazo (linedrive), sea ésta en fair o foul, (2) atrapa una pelota lanzada (tiro) que ponga out a un bateador o corredor, o (3) toque con la pelota a un corredor cuando éste se encuentre fuera de la base a la que legalmente tenía derecho.

(a) Se le acreditan outs automáticos al receptor (catcher) como se indica a continuación:

(1) Cuando al bateador se le declara out por haber bateado ilegalmente una pelota.

(2) Cuando el bateador es declarado out por batear de foul en un intento de toque para tercer strike. (Ver excepción en Regla 10.07 (a) (4)).

(3) Cuando el bateador es declarado out por haber sido golpeado por una pelota bateada por el mismo.

(4) Cuando el bateador es declarado out por haber interferido con el receptor.

(5) Cuando al bateador se le declara out por no haber bateado en su turno correcto. (Ver 10.03 (d)).

(6) Cuando el bateador es declarado out por negarse a tocar la primera base, después de haber recibido una base por bolas.

(7) Cuando un corredor es declarado out por negarse avanzar de tercera base al home plate con la carrera de la victoria.

(b) Se acreditan otros outs automáticos como se indica a continuación (no se acreditan asistencias en estas jugadas, excepto cuando así se especifique):

(1) Cuando el bateador es declarado out por un 'infield fly' que no es atrapado, se le acredita el out al fildeador que hubiera podido hacer la atrapada según lo determine el anotador.

(2) Cuando un corredor es declarado out por haber sido tocado por una pelota bateada en fair (incluyendo el infield fly), se le acredita el out al fildeador más cercano a la pelota.

(3) Cuando un corredor es declarado out por correr fuera de las líneas tratando de evitar que un fildeador lo toque con la pelota, se le acredita el out al fildeador que el corredor rehuyó.

(4) Cuando un corredor es declarado out por pasar (adelante) a otro corredor, se le acredita el out al fildeador más cercano al punto donde se produce el adelanto.

(5) Cuando un corredor es declarado out, por correr las bases en orden inverso, se le acredita el out al fildeador que cubre la base desde donde comentó su carrera al revés.

(6) Cuando un corredor es declarado out, por haber interferido a un fildeador, se le acredita el out al fildeador a quien el corredor le hizo interferencia, a menos que el fildeador estuviera realizando el acto de lanzar la pelota cuando ocurrió la interferencia, en cuyo caso se le acredita el out al fildeador a quien se le hizo el disparo (lanzamiento) e igualmente se le acredita una asistencia al fildeador cuyo disparo fue interferido.

(7) Cuando al bateador-corredor se le declara out por interferencia de un corredor que lo precede como está

prescrito en la Regla 6.05 (m), se le acredita el out al fildeador de la primera base. Si el fildeador interferido se encontraba en el acto de lanzar la pelota, se le acredita una asistencia, pero se acredita solamente una asistencia por jugada bajo las disposiciones de 10.10 (b) (6) y (7).

Asistencias

10.11 Se le acredita una asistencia a cada fildeador que lance o desvíe la pelota bateada o lanzada en forma tal que dé por resultado que se produzca un out, o que se hubiera producido un out de no haberse cometido un error anterior por parte de cualquier otro fildeador. Sólo debe acreditarse una asistencia a cada fildeador que lance o desvíe la pelota en una jugada de corre-corre que dé por resultado un out, o que hubiera resultado un out, excepto que ocurra por un error ulterior.

Nota: un simple roce con la pelota no debe considerarse como una asistencia. 'Desviar' la pelota significa reducir la velocidad de la pelota o cambiar la dirección de ésta y con ello real y efectivamente asistir para que se produzca el out de un bateador o corredor.

(a) Se le debe acreditar una asistencia a cada fildeador que lance o desvíe la pelota durante una jugada que dé como resultado que un corredor sea declarado out por interferencia o por correr fuera de línea.

(b) No se le acredita al lanzador (pitcher) sobre un ponche (struck out). *Excepción:* se le adelanta una asistencia al lanzador cuando fildea una pelota en un tercer strike que no haya sido atrapado por el receptor y haga un tiro que dé por resultado un out.

(c) No se le acredita asistencia al lanzador cuando como resultado de un lanzamiento legal recibido por el receptor sorprende fuera de base a un corredor, pone out a un corredor que intenta robar, o toca a un corredor que intenta anotar en carrera.

(d) No se le acredita una asistencia a un fildeador cuyo mal tiro permite a un corredor avanzar, aun cuando dicho corredor posteriormente sea puesto out como resultado de una jugada continua. Una jugada que siga a continuación de una mala jugada (sea o no por error) se considera como una nueva jugada, y por consiguiente al fildeador que realizó la mala jugada no se le debe acreditar una asistencia, a menos que haya tomado parte en la nueva jugada.

Jugadas de doble outs y triple outs (Double play and triple plays)

10.12 Se le acredita una participación en jugadas de doble out o triple out, a cada fildeador que logre hacer un out o una asistencia cuando son puestos out dos o tres jugadores en el lapso comprendido entre el momento que el lanzador suelte la pelota hacia el home y el momento en que la pelota se considere muerta o cuando ésta esté de nuevo en posesión del lanzador, en su posición de lanzar, a menos que se produzca un error o mala jugada entre cada out.

Nota: también se acredita el doble out o el triple out si después de que la pelota está en posesión del lanzador, se produce una jugada de apelación y se decreta un out adicional.

Errores

10.13 Se debe cargar un error por cada mala jugada (dejar caer o enredarse con la pelota, mal tiro, etc.) que prolongue el turno al bate de un bateador o que prolongue la vida de un corredor o que permita a un corredor avanzar una o más bases.

Nota (1): el manejo lento de la pelota que no implique una mala jugada mecánica no se considerará como error.

Nota (2): no es necesario que un fildeador toque la pelota para que se le cargue un error. Si un roletazo (rolling) le pasa entre las piernas a un fildeador o si un fly inofensivo (pop fly) cae al suelo y que el fildeador pudo haber atrapado con un esfuerzo ordinario, se le carga error.

Nota (3): no se anotan como errores las equivocaciones y los errores mentales, a menos que esté específicamente señalado en las Reglas.

(a) Se le carga error a cualquier fildeador cuando se le caiga un elevado (fly) de foul, prolongando así el turno del bateador, llegue después éste a la primera base o sea puesto out.

(b) Se le carga error a cualquier fildeador que ataje una pelota, sea ésta lanzada o bateada de rolling, con el tiempo suficiente para poner out al bateador-corredor, pero que deje de tocar la primera base o al bateador-corredor.

(c) (1) Se le carga error a cualquier fildeador cuyo mal tiro permita a un corredor llegar a salvo a una base cuando el anotador juzgue que de haberse producido un buen tiro, se hubiera puesto out al corredor.

Excepción: no se cargará error, de acuerdo con esta sección, si el mal tiro fue hecho en un intento de impedir un robo de base.

(2) Se le carga un error a cualquier fildeador cuyo mal tiro, al tratar de impedir el avance de un corredor, le permita a éste o a cualquier otro corredor avanzar una o más bases más allá de la base a la cual hubiera llegado si el tiro hubiese sido bueno.

(3) Se le carga error a cualquier fildeador cuyo tiro rebote desviado y no en forma natural, o que pegue en una almohadilla, o en la caja de lanzar, o que toque a un corredor, o a un fildeador, o a un árbitro, permitiendo así el avance de cualquier corredor.

Nota: esta regla debe aplicarse aunque parezca injusta para con el fildeador cuyo tiro fuera preciso. Hay que justificar cada una de las bases avanzadas por un corredor.

(4) Se carga un solo error cuando hay un mal tiro, independiente, o en tratar de detener una pelota producto tiro (disparo) preciso, que le permita avanzar a un corredor, siempre y cuando dicho tiro hubiere sido ne-

cesario. Si el tiro se hace a la segunda base, el anotador
deberá juzgar si era o no obligación del jugador de la
segunda base o del campo corto (shortstop) detener la
pelota, y se le cargará error al jugador negligente.

Nota: si a juicio del anotador no era necesario ejecutar
el tiro, se le carga error al jugador que lo hizo.

(f) Cuando un árbitro (umpire) le concede al bateador,
o a cualquier corredor o corredores, una o más bases
por interferencia u obstrucción, se le carga un error al
fildeador que comete la interferencia u obstrucción, sea
cual fuere el número de bases que pueda avanzar el
bateador o los corredores.

Nota: no se carga error, si a juicio del anotador le interferencia u obstrucción no cambia la jugada.

10.14 No se carga error en los siguientes casos:

(a) Cuando el receptor, después de haber recibido el
lanzamiento, efectúa un mal tiro en un intento de evitar un robo de base, a menos que dicho tiro permita al
corredor que intente robar, avanzar uno o más bases
adicionales o que permita a otro corredor avanzar una
o más bases.

(b) No se le carga error a un fildeador que haga un mal
tiro, si a juicio del anotador el corredor no habría sido
puesto out aun cuando el tiro realizado con un esfuerzo
ordinario, a menos que dicho mal tiro le permita a cualquier otro corredor avanzar más allá de la base que hubiera alcanzado de haberse producido un buen tiro.

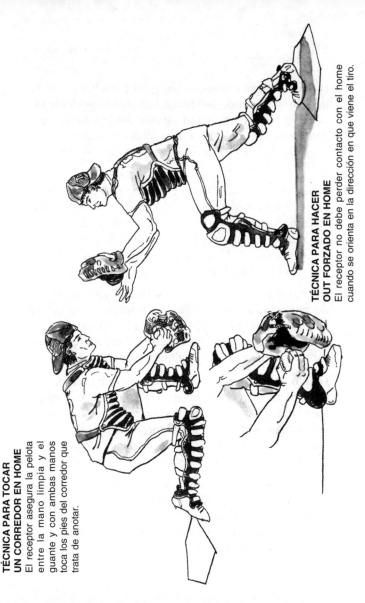

TÉCNICA PARA TOCAR UN CORREDOR EN HOME

El receptor asegura la pelota entre la mano limpia y el guante y con ambas manos toca los pies del corredor que trata de anotar.

TÉCNICA PARA HACER OUT FORZADO EN HOME

El receptor no debe perder contacto con el home cuando se orienta en la dirección en que viene el tiro.

(c) No se carga error a un fildeador cuando ejecute un mal tiro intentando completar una jugada de doble out (double play) o triple out (triple play), a menos que dicho mal tiro le permita a cualquier corredor avanzar más allá de la base que hubiera alcanzado si el tiro no hubiera sido malo.

Nota: cuando a un fildeador se le cae una pelota lanzada de buena forma (buen tiro), la cual, de haber sido retenida hubiera completado una jugada de doble out o de triple out, se le carga un error al fildeador que se le cae la pelota y se le acredita una asistencia al fildeador que efectuó el buen tiro.

(d) No se le carga error a un fildeador cuando, después de perder momentáneamente (fumbles) una pelota bateada de rolling o dejar caer una pelota de fly, o un linietazo, o una pelota lanzada, la recupera a tiempo de forzar a un corredor en cualquier base.

(e) No se le carga error a un fildeador que permita que una pelota bateada de fly en territorio fair se le caiga, habiendo corredor en tercera base y antes de que hayan dos outs, si a juicio del anotador dicho jugador deliberadamente dejó caer el fly, a fin de que el corredor de la tercera no anotara en carrera mediante un pisicorre.

(f) Debido al hecho de que tanto al lanzador como el receptor, por sus propias funciones, se le presentan mayor número de oportunidades de manipular la pelota que los otros fildeadores, ciertas malas jugadas realizadas por ellos, tales como las definidas como 'wild

pitch' y 'passed ball' en la Regla 10.15 y otras no se
califican como errores.

(1) No se carga error cuando el bateador llegue a la
primera base por base por bolas o por haber sido golpeado por el lanzador o cuando llegue a la primera base
como resultado de un 'wild pitch' o de un 'passed ball'
se produce en un tercer strike, que le permite al bateador
llegar a la primera base, se anota un ponche (strike out)
y un 'wild pitch'.

(I) Cuando el 'wild pitch' se produce en un tercer strike,
que le permite al bateador llegar a la primera base, se
anota un ponche (strike out) y un 'wild pitch'.

(II) Cuando el tercer strike es un 'passed ball', que le
permita al bateador llegar a la primera base, se anota
un ponche (strike out) y un 'passed ball'.

No se carga error cuando un corredor o corredores avancen como resultado de un 'passed ball', un ponche (strike
out) o un 'balk'.

(I) Cuando la cuarta bola es un 'wild pitch' o un 'passed
ball' y como resultado de ello: (a) el bateador-corredor
llega a una base más allá de la primera base, (b) si cualquier corredor, que esté obligado a avanzar debido a la
base por bolas, avanza más de una base, o (c) cuando
un corredor, no forzado a avanzar, avanza una o más
bases, se anota una base por bolas y 'wild pitch' o 'passed
ball' según sea el caso.

(II) Cuando el receptor recupera la pelota, después de
un 'will pitch' o de un 'passed ball' en un tercer strike, y

mediante un tiro pone out en primera base al bateador-
corredor o lo toca con la pelota, pero al mismo tiempo
se produce el avance de uno o más corredores, se anota
un ponche (strike out), el out y las asistencias que
hubieren habido. El avance del otro corredor o corredores se anota como realizado en la jugada.

Wild pitch - Passed balls

10.15 (a) Se anota un 'wild pitch' cuando una pelota,
legalmente lanzada, resulte tan alta, tan abierta o tan
baja, que el receptor no la pueda controlar y retener
haciendo un esfuerzo ordinario, permitiendo así el avance del corredor o corredores.

(1) Se anota un 'wild pitch' cuando una pelota, legalmente lanzada, toca el suelo antes de llegar al home
plate y no puede ser manejada por el receptor, permitiendo el avance de corredores.

(b) Se le anota un 'passed ball' al receptor cuando éste
no retenga o controle la pelota, legalmente lanzada, la
cual mediante un esfuerzo ordinario hubiera sido retenida o controlada, permitiendo así el avance de corredores.

Bases por bolas

10.16 (a) Se anota una base por bolas siempre que a
un bateador se le conceda la primera base, debido a
haber recibido cuatro bolas fuera de la zona de strike,
pero en el caso de que la cuarta bola toque al bateador

se anota como 'bateador golpeado'. Cuando esté envuelto más de un bateador en el otorgamiento de una
base por bolas, hay que referirse a la Regla 10.18 (h).

En el caso de que la base por bolas le sea otorgada a un
bateador sustituto, hay que referirse a la Regla 10.17.

(b) Cuando el lanzador no realiza un intento de tirar su
último lanzamiento al bateador dentro de la zona de
strike, sino que deliberadamente lanza la pelota abierta
al receptor fuera del cajón del receptor (catcher's box),
se anota una 'base por bolas intencional'.

(1) Si a un bateador se le declara out debido a que se
niegue a avanzar a la primera base, después de haber
recibido la cuarta bola mala, no se anota base por bolas,
pero se anota un turno al bate.

Ponchados (strike-outs)

10.17 (a) Se anota un ponche (strike out), cuando:

(1) Un bateador es puesto out con un tercer strike, atrapado por el receptor.

(2) Un bateador es puesto out con un tercer strike, que
el receptor no atrapa, cuando hay un corredor en la primera base y antes de hacer dos outs.

(3) Un bateador se convierte en corredor debido a que
el tercer strike no fue atrapado por el receptor.

(4) El bateador conecta un toque de foul en un tercer
strike. *Excepción:* si dicho toque resulta en un foul fly
que es atrapado por cualquier fildeador, no se anota

ponche (strike out). Se le acredita el out al fildeador que atrape la pelota.

(b) Cuando un bateador sale del juego teniendo dos strikes en su cuenta, y es sustituido por otro jugador que se termina de ponchar, se le carga el ponche (strike out) y el turno al bate al primer bateador. Si el bateador sustituto completa su turno al bate de cualquier otra manera, incluyendo una base por bolas, se le anota la acción realizada al bateador sustituto.

Carreras limpias

10.18 Una carrera limpia es aquella cuya responsabilidad es imputable al lanzador. Para determinar cuáles son las carreras limpias, se debe reconstruir el inning sin tomar en cuenta los errores (incluyendo las interferencias del receptor y los 'passed ball'), debiéndose siempre dar al lanzador el beneficio de la duda al determinar cuáles bases habrían alcanzado los corredores, de haberse jugado impecablemente a la defensiva (sin errores, passed ball, etc.). Para los fines de la determinación de las carreras limpias, una base por bolas intencional, sean cuales fueren las circunstancias, se le considera como cualquier base por bolas.

(a) Se le cargará al lanzador una carrera limpia cada vez que un corredor llegue al home con la ayuda de hits, toques de sacrificio, bases robadas, outs realizados, jugadas de selección (fielder's choice), bases por bolas, bateadores golpeados, balks o wild pitches (incluido un wild pitch en un tercer strike que le permita al bateador llegar a la primera base), antes que se hayan presentado las oportunidades de realizar los tres outs, con los cuales hubiere terminado el medio inning correspondiente al equipo que esté a la ofensiva. Para efectos de esta regla un error por interferencia de la defensiva debe ser considerado como una oportunidad de hacer out.

(1) Un 'wild pitch' es responsabilidad del lanzador únicamente, y contribuye a producir una carrera limpia igual que una base por bolas o un balk.

(b) No será carrera limpia cuando ésta se anota como resultado de que el bateador haya llegado a la primera base (1) por haber conectado un hit después de que su turno al bate haya sido prolongado por haberse dejado caer un elevado en foul (foul fly); (2) por interferencia u obstrucción, o (3) por cualquier error de fildeo.

(c) No será carrera limpia cuando sea anotada por un corredor cuya vida fue prolongada por un error, si dicho corredor hubiera sido puesto out jugando impecablemente (sin error).

(d) No será carrera limpia cuando el avance del corredor haya sido ayudado por un error, un 'passed ball' o por interferencia u obstrucción de la defensiva, si a juicio del anotador dicha carrera no hubiera anotado sin la ayuda de tales faltas.

(e) Para el cómputo de carreras limpias, un error cometido por el lanzador se considera igual que uno de cualquier otro fildeador.

(f) Siempre que ocurra un error de fildeo, se le debe dar el beneficio de la duda al lanzador, al determinar hasta cuáles bases hubiera llegado un corredor si el fildeo de la defensiva hubiera sido impecable (sin errores).

(g) Cuando se producen cambios de lanzadores en un inning, no se le carga carrera alguna (ni limpia ni sucia) al lanzador relevista, cuando ésta es anotada por un corredor que se encontraba embasado en el momento en que entró al juego, ni por las carreras de ningún corredor que se embase por jugada de selección (fielder's choice) que ponga out a otro corredor dejado en base por el lanzador anterior.

Nota: la intención de esta regla es cargar a cada lanzador el número de corredores que haya dejado en base en vez de cargarle individualmente cada corredor. Cuando un lanzador pone corredores en base, y es relevado, será responsable de todas las carreras sucesivas anotadas hasta el número de corredores que hayan dejado en base, cuando salió del juego, a menos que dichos corredores fueran puestos out mediante jugadas en las que no intervengan la acción del bateador; por ejemplo: puesto out robando, sorprendido fuera de base, o declarado out por interferencia cuando el bateador-corredor no llegue a primera base en esa jugada. *Excepción:* ver ejemplo 7.

Ejemplo: (1) P1 (pitcher 1) da bases por bolas a A y es relevado por P2 (pitcher 2), B es out por roletazo al cuadro y A llega hasta la segunda. C sale out por fly.

D conecta un hit sencillo, anotando A. Se le carga la carrera a P1.

(2) P1 da base por bolas a A y es relevado por P. B hace un out forzado en segunda a A. C es out por roletazo al cuadro, llegando B hasta la segunda. D conecta un hit sencillo, anotando B, se le carga la carrera a P1.

(3) P1 da base por bolas a A y es relevado por P2. B conecta hit sencillo, enviando a A hasta la tercera. C batea un rolling (roletazo) al campo corto, quien lanza al home y pone out a A, llegando B hasta la segunda. D es out por fly. E conecta hit sencillo, anotando B. Se le carga la carrera a P1.

(4) P1 da base por bolas a A y es relevado por P2. B recibe bases por bolas. C es out por fly. A es puesto out sorprendido fuera de base en segunda. D conecta un hit de dos bases (doble) anotando B desde la primera. Se le carga la carrera a P2.

(5) P1 da base por bolas a A y es relevado por P2. P2 da base por bolas a B y es relevado por P3. Se da rolling forzando out a A en la tercera. D también da rolling forzado out a B en la tercera. E batea cuadrangular (home run) anotando las tres carreras. Se le carga una carrera a P1, una carrera a P2 y una carrera a P3.

(6) P1 da base por bolas a A y es relevado por P2. P2 da base por bolas a B. C conecta hit sencillo llenando las bases. D fuerza out a A en home. E conecta hit sencillo, anotando B y C. Se le carga una carrera a P1 y una carrera a P2.

(7) P1 da base por bolas a A y es relevado por P2. B conecta hit sencillo, pero A es out tratando de llegar hasta la tercera. B llega a segunda en la jugada (con el tiro a tercera). C conecta hit sencillo anotando B. Se le carga la carrera a P2.

(h) Un lanzador de relevo no será responsable cuando el primer bateador al cual se enfrenta llegue a la primera base por bolas, si dicho bateador tenía ventaja decisiva en el conteo de bolas y strikes cuando se efectuó el cambio de lanzadores.

(1) Si cuando hubo el cambio de lanzadores, la cuenta era de:

- 2 bolas sin strikes,
- 2 bolas y 1 strike,
- 3 bolas sin strikes,
- 3 bolas, 1 strike,
- 3 bolas, 2 strikes,

y el bateador recibe la base por bolas, se le carga al bateador y la base por bolas al primer lanzador y no al lanzador relevista.

(2) Cualquier otra acción realizada por dicho bateador, tal como llegar a primera por un hit, un error, una jugada de selección (fielder's choice), origina que dicho bateador se le cargue al lanzador relevista.

Nota: las disposiciones de las reglas 10.18 (b) (2) no se consideran que afectan o estén en conflicto con las disposiciones de 10.18 (g).

(3) Si cuando hubo el cambio de lanzadores la cuenta era de:

- 2 bolas, 2 strikes,

- 1 bola, 2 strikes,

- 1 bola, 1 strike,

- 1 bola sin strikes,

- 0 bolas, 2 strikes,

- 0 bolas, 1 strike,

se le carga el bateador al lanzador relevista.

(i) Cuando se hace cambio de lanzadores durante el transcurso de un inning, el pitcher relevista no tendrá beneficio de duda de las oportunidades previas de hacer out, que no se aceptan para determinar las carreras limpias.

Notas: la intención de esta regla es cargar a los lanzadores relevistas las carreras limpias cuya responsabilidad sea totalmente de ellos. En algunas ocasiones, las carreras limpias cargadas al lanzador relevista podrán ser cargadas como carreras sucias contra el equipo.

Ejemplos:

(1) Con dos outs, P1 da base por bolas a A. B llega a la primera base por error. P2 releva a P1. C conecta un cuadrangular anotándose tres carreras. Se le cargan dos carreras sucias a P1 y una carrera limpia a P2.

(2) Con dos outs P1 da base por bolas a A y a B, y es relevado por P2. C llega a la primera por error. D batea

cuadrangular anotándose cuatro carreras. Se le cargan dos carreras sucias a P1 y dos carreras sucias a P2.

(3) No habiendo outs, P1 da base por bolas a A. B llega a la primera base por error. Pi es relevado por P2. C batea un cuadrangular anotándose tres carreras. D y E son ponchados (strike out). F llega a primera por error. G batea cuadrangular anotándose dos carreras. Se cargan dos carreras a P1 una de de ellas limpia. Se le cargan tres carreras a P2, siendo una de ellas limpia.

Lanzadores ganadores y perdedores

10.19 (a) Se le acredita un juego ganado al lanzador abridor únicamente si ha lanzado por lo menos cinco innings completos y su equipo no sólo está ganando cuando es relevado, sino que además se mantiene en ventaja por el resto del juego.

(b) La regla de 'los cinco innings completos' respecto al lanzador abridor estará en vigor para todo juego de seis o más innings. En juegos de cinco innings, se le acredita juego ganado al lanzador abridor si ha lanzado al menos cuatro innings completos y cuando su equipo no sólo se encuentre en ventaja cuando fue relevado sino que además se mantiene en ventaja por el resto del juego.

(c) Cuando el lanzador abridor no se le puede acreditar el triunfo debido a lo previsto de la Regla 10.19 (a) o (b), y se haya utilizado más de un lanzador relevista, el triunfo se otorgará de acuerdo con las siguientes bases:

(1) Cuando la actuación del lanzador abridor, el equipo ganador toma la delantera (ventaja) y la mantiene hasta el final del juego, se le debe dar el triunfo al lanzador relevista que a juicio del anotador, haya sido el más efectivo.

(2) Cuando la anotación está empatada, el juego se considera que vuelve a comenzar en lo que se refiere a los lanzadores ganadores y perdedores.

(3) Una vez que el equipo opositor toma la delantera (ventaja), todos los lanzadores que hayan actuado hasta ese momento quedan excluidos de ser acreditados con el triunfo, a menos que el lanzador contra quien el equipo opositor tomó la ventaja continúa lanzando hasta que su equipo retoma la ventaja, la cual conserva hasta el final del juego, siendo él el lanzador ganador.

(4) El lanzador relevista ganador es aquel que sea el lanzador en acción cuando un equipo toma la ventaja y la mantiene hasta el final del juego.

Excepción:

No se le acredita un triunfo a un lanzador relevista que actúe brevemente y sin efectividad, si otro lanzador de relevo que actúe después de él con efectividad para lograr que su equipo mantenga la ventaja. En tales casos se le acredita el triunfo al siguiente lanzador.

(d) Cuando se sustituye a un lanzador por un bateador o un corredor emergente, todas las carreras anotadas por su equipo durante el inning en que fue sustituido serán acreditadas a su beneficio para determinar cuál

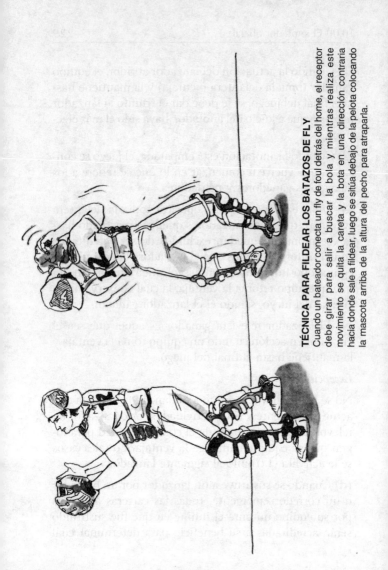

TÉCNICA PARA FILDEAR LOS BATAZOS DE FLY

Cuando un bateador conecta un fly de foul detrás del home, el receptor debe girar para salir a buscar la bola y mientras realiza este movimiento se quita la careta y la bota en una dirección contraria hacia donde sale a fildear, luego se sitúa debajo de la pelota colocando la mascota arriba de la altura del pecho para atraparla.

TÉCNICA PARA FILDEAR LOS TOQUES DE BOLA

El receptor debe estar preparado para salir de su posición cuando el bateador realice un toque de bola, y debe tratar de usar la mascota y la mano libre para coger la pelota: se emplea el guante para detener la bola y barrerla hacia la mano de tirar. Si al momento de fildear la pelota ésta ya se ha detenido, se realiza el fildeo con la mano libre. El cuerpo debe estar por completo sobre la bola y la vista no se quita de ella hasta que esté firmemente sostenida por la manilla y la mano.

era el lanzador que estaba actuando cuando un equipo tomó la ventaja.

(e) Sea cual fuere el número de innings en que actúe el lanzador abridor, se le cargará la derrota si es remplazado cuando su equipo cae en desventaja debido a carreras anotadas que se le carguen a él después de ser remplazado y si su equipo posteriormente no empata la anotación o toma de nuevo la ventaja.

(f) A ningún lanzador se le acredita haber lanzado una blanqueada (shutout) a menos que lance el juego completo o a menos que entre al juego sin outs antes de que el equipo opositor haya anotado en carrera en el primer inning, ponga out al rival sin anotaciones y lance el resto del partido. Cuando uno o más lanzadores se combinan para lanzar una blanqueada, el anotador debe incluir una nota al efecto de los registros oficiales de lanzadores de la Liga.

(g) En algunos juegos que no son de campeonato (tal como el Juego de Estrellas de las Grandes Ligas) se dispone de antemano que cada lanzada deberá actuar en un número determinado de innings, generalmente dos o tres. En esta clase de juegos se acostumbra acreditar la victoria al lanzador que actúe, sea el abridor o un relevista, cuando el equipo ganador toma y mantiene una ventaja hasta el final del juego, a menos que dicho lanzador sea explotado y sacado después de que el equipo vencedor tenga una ventaja importante, y que el anotador estime que con un lanzador posterior tenga el derecho de ser acreditado con la victoria.

Juegos salvados para lanzadores relevistas

10.20 Se le acredita un Juego Salvado a un lanzador cuando éste cumpla con las tres condiciones siguientes:

(1) sea el lanzador cerrador en un juego ganado por su equipo, y

(2) cuando él no es el lanzador ganador, y

(3) su actuación se ajusta a una de las condiciones siguientes:

(a) entra en el juego cuando su equipo lleva una ventaja no mayor de tres carreras y lanza por lo menos un inning; o

(b) entra en el juego, sea cual fuere la anotación, con la posible carrera en base, o al bate, prevenida (es decir que la potencial carrera del empate está ya embasada o es uno de los dos primeros bateadores a quien se tenga que enfrentar) o;

(c) lanza con efectividad por lo menos tres innings.

No se debe acreditar más de un Salvado por juego.

Estadísticas

10.21 El Presidente de la Liga deberá nombrar un Recopilador Oficial. El recopilador deberá llevar un registro acumulativo de bateo, fildeo, carreras y lanzadores especificados en 10.02 de todo jugador que haya participado en un juego de campeonato. El recopilador deberá tener un informe tabulado al finalizar la temporada, incluyendo todos los registros (récords) tanto individuales como por equipos para cada juego de campeonato, y entregará dicho informe al Presidente de la Liga. Este informe (reporte) debe identificar a cada jugador por su nombre propio y apellido, y deberá indicar para cada bateador si batea a la derecha, a la zurda o es ambidextro; y para cada fildeador y lanzador, si lanza a la derecha o a la zurda.

Cuando un jugador incluido en la alineación (Line-up) por el equipo visitador sea sustituido antes de que llegue a jugar a la defensiva, no se le dará crédito en las estadísticas defensivas (de fildeo), a menos que realmente juegue esa posición durante un juego. Sin embargo, todos estos jugadores serán acreditados con un juego efectuado (en las estadísticas de bateo) siempre que haya sido anunciados o inscritos en la alineación (Line-up) oficial.

Todo juego realizado para dilucidar un empate al final de la temporada debe incluirse en las estadísticas del campeonato.

Determinación de los registros (récords) de porcentajes

10.22 Para calcular:

(a) el porcentaje de juegos ganados y perdidos, se divide de número de juegos ganados entre el total de juegos ganados y perdidos;

(b) el promedio (average) de bateo, se divide el número total de hits (no el total de bases obtenidas por hits) entre el total de veces al bate, como se define en 10.02 (a);

(c) porcentaje de 'Slugging' (Bases Totales) se divide el número total de bases obtenidas por hits entre el número total de veces al bate, como se define en 10.02 (a);

(d) promedio de fildeo, se divide el número de outs y asistencias realizados entre el número de outs, asistencias y errores;

(e) porcentaje de carreras limpias (efectividad) de un lanzador, se multiplica el número total de carreras limpias cargadas a un lanzador por nueve, y se divide dicho resultado entre el número total de innings lanzados por él. *Nota:* la efectividad se debe calcular con base en el número total de innings lanzados incluyendo las fracciones de innings.

Ejemplo: 91/3 innings lanzados y 3 carreras limpias da una efectividad de 2.89 (3 x 9 entre 9.1/3= 2.89);

(f) porcentaje de embasarse, se divide el número total de hits, todas las bases por bolas y golpeados por el lanzador entre el total de veces al bate, todas las bases por bolas, golpeado por el lanzador y elevados (flies) de sacrificio.

Nota: para fines de cálculo de porcentaje de embasarse, no se toma en cuenta cuando a un bateador se le otorga la primera base por interferencia u obstrucción.

Normas mínimas para campeonatos individuales

10.23 A fin de asegurar uniformidad en la determinación de los campeonatos de bateo, lanzamiento ('pitcheo')
y fildeo de ligas profesionales, dichos campeonatos deberán cumplir las siguientes normas mínimas:

(a) el campeón individual de bateo o de 'slugging' será
el jugador con el mayor promedio de bateo o de bases
totales, siempre y cuando se le acredite con tantas o
más apariciones al bate en juegos de campeonato de la
Liga, como el número de juegos programados en su liga
es esa temporada multiplicado por 3.1 en el caso de un
jugador de Grandes Ligas o multiplicado por 2.7 en caso
de una Liga Menor.

Excepción: no obstante, si dicho jugador aparece con
menos de lo requerido en las apariciones al bate y cuyo
promedio sea el más alto de la Liga, y si se le cargara por
las apariciones adicionales para cumplir con la norma,
y aún así dicho jugador continuaría con el promedio
más alto, será el campeón de bateo o de 'slugging' según sea el caso.

Ejemplo: si una Liga Mayor programa 162 juegos para
cada equipo, se calificaría con 502 apariciones al bate
(162 x 3.1 = 502).

Si una liga de la National Association programa 140
juegos por equipo se calificaría con 378 apariciones (140
x 2.7 = 378).

El total de apariciones al bate debe incluir los turnos oficiales al bate más las bases por bolas, las veces golpeado por el lanzador, los toques de sacrificio y las veces que se le otorgó la primera base por interferencia u obstrucción.

(b) El campeonato individual para los lanzadores será para aquel lanzador que tenga el menor porcentaje de carreras limpias, siempre y cuando haya lanzado al menos tantos innings como el número de juegos programados para cada equipo en su liga en esa temporada. *Excepción:* no obstante, los lanzadores en ligas de la National Association califican para el campeonato de lanzar si tienen el porcentaje menor de carreras limpias y haber lanzado al menos tanto innings como el 80% del número de juegos programados para cada equipo en su liga en esa temporada.

(c) Los campeonatos individuales de fildeo serán para aquellos fildeadores con el porcentaje más alto de fildeo en cada posición, siempre y cuando:

(1) un receptor (catcher) deberá haber participado como receptor en por lo menos la mitad del número de juegos programados para cada equipo en su liga durante la temporada;

(2) un jugador de cuadro (infielder) o un jardinero (outfielder) deberá haber participado en su posición en al menos dos tercios del número de juegos programados para cada equipo en su liga durante esa temporada;

(3) un lanzador (pitcher) deberá haber lanzado por lo menos tantos innings como el número de juegos pro-

gramados para cada equipo en su liga durante esa temporada. *Excepción:* si otro lanzador tiene un porcentaje de fildeo tan alto o mayor, y ha intervenido en más oportunidades de fildeo en un número menor de innings, éste sería el campeón de fildeo.

Guías para registros (récords) acumulativos de actuaciones

(Récord de rachas o seguidillas)

10.24 Rachas de hits consecutivos

(a) Una racha consecutiva de hits no termina si de la aparición en home resulta una base por bolas, un bateador golpeado, una interferencia de la defensiva o un toque de sacrificio. Un fly de sacrificio se terminará con la racha.

Rachas de hits en juegos consecutivos

(b) Una racha de hits en juegos consecutivos no se termina si todas las apariciones en el home (una o más) resultan en una base por bolas, un bateador golpeado, una interferencia de la defensiva o un toque de sacrificio.

La racha se terminará si el jugador tiene un fly de sacrificio y ningún hit. La racha del jugador consecutivo se determinará con base en el número de juegos consecutivos en que actúa el jugador y no por el número de juegos de su equipo.

Racha de participación en juegos consecutivos

(c) Una racha de participación en juegos consecutivos será prolongada si dicho jugador actúa a la defensiva durante medio inning, o si completa un turno al bate sea llegando a primera o haber sido puesto out. La racha no se prolongará con solo una actuación como corredor emergente; si el jugador es expulsado del juego por el árbitro (umpire) antes de cumplir con los requerimientos de esta regla, su racha continúa.

Juegos suspendidos

(d) Para efectos de esta regla, todas las actuaciones al completar un juego suspendido se considerarán como haber ocurrido en la fecha original del juego.

IMPLEMENTOS DEL ÁRBITRO

Careta

Gorra con visera corta para el home

Gorra con visera larga para las bases

Peto

Reloj

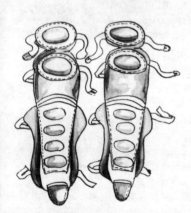

Espinilleras

Bolsa para las bolas

Indicador

Zapatos con protección

ANEXO: COMENTARIOS Y RECOMENDACIONES SOBRE EL ARBITRAJE EN BÉISBOL

Introducción

Para iniciar este trabajo se ha considerado indispensable para la eficiencia en los deberes de un buen árbitro, los tres principales aspectos: **mental**, **físico** y **mecánico**.

Mental:

Esta sección es muy importante y se debe prestar mucha atención. Conocer las reglas de juego es el factor más importante de esta sección. Una copia del último libro de reglas dado a la publicidad debe ser estudiada hasta que se familiaricen con cada regla y sección de la misma.

1. Todo árbitro debe comprender la importancia de su posición. El árbitro es el representante de la Liga para la cual trabaja y debe, en todo momento, preservar la dignidad que demanda su posición.

2. Ningún juego o equipo debe ser mejor o más importante que el árbitro.

3. Se debe tener ambición, pero también paciencia ya que el exceso de ansiedad es una de las peores condiciones que pueda asumir un árbitro.

4. Desarrolle su sentido de honradez tanto fuera como dentro del terreno de juego.

5. Aprenda a manejar situaciones con la menor cantidad de fricciones y procure mantener su temperamento igual todo el tiempo.

6. Sea cortés todo el tiempo y bajo todos los aspectos.

7. Mantenga los personalismos fuera de su trabajo y aprenda a perdonar y olvidar.

8. Cada juego debe ser un nuevo juego en todo aspecto. Procure que el pasado sea tal y comience todo juego con una sonrisa.

9. No sea sarcástico. Si un pelotero se está alejando, déjelo ir y no procure decirle la última palabra.

10. Hay un viejo adagio en el arbitraje que envuelve mucho sentido, recuérdelo: "oiga y vea únicamente las cosas que debe oír y ver en su trabajo".

11. No se preocupe si tiene un día malo, revise su trabajo de ese día y estudie las causas, un día malo no quiere decir que usted sea un oficial malo.

12. Tenga paciencia con dirigentes y jugadores, mantenga su estampa no importa lo enojados que parezcan estar. Si usted tiene su temperamento, entonces habrá problema.

Físico:

La parte física del arbitraje es vital. Se debe poseer un cuerpo saludable para desarrollar una mente saludable. Manteniendo su cuerpo en buenas condiciones se logra una mente alerta y activa. No podrá rendir el máximo si no está capacitado físicamente.

Use la misma acción decisiva en jugadas, bolas y strikes. Estos mismos gestos en general le ayudarán a establecer la fe de los fanáticos en su capacidad de juicio y eliminará cualquier duda en sus mentes respecto a su habilidad para arbitrar. Nunca use lenguaje lesivo o acciones que usadas por un dirigente o jugador, conllevarían castigo en alguna forma. Siempre asuma una actitud activa. Cuando sea árbitro principal y el bateador conecte batazo de 'fair', quítese la careta y camine unos pasos hacia el 'infield', así estará en una mejor posición para ayudar a su compañero de surgir la necesidad.

Manténgase sobre los jugadores entre innings acelerando el juego; después del tercer out quítese la careta y diríjase hacia el infield con un cordial gesto hacia los jugadores para que aligeren el juego. Mantenga ambos equipos en movimiento. La ociosidad es muy contagiosa. Ocúpese de que el primer bateador en ese inning esté preparado para ocupar su puesto una vez que el catcher asuma su posición detrás del plato. Debe ordenarle al próximo bateador que se sitúe en el círculo de espera. No preste mucha atención a la bulla de los 'dogouts' a no ser que sean muy personales y abusivas; recuerde, "oiga y vea lo que debe únicamente". Luego de una decisión que provoque una discusión, no se quede parado alrededor. Regrese a su posición sin precipitarse, pero aléjese lo más pronto posible. Evite trabajar bajo una tensión nerviosa. El actuar muy tieso causa frecuentemente decisiones apresuradas, y erráticas por consiguiente.

La estatura no es obstáculo alguno para el árbitro eficiente. Por coincidencia, los mejores árbitros han sido personas de baja estatura como Bill Klem y Jocke Conlem.

244 Reglamento de béisbol

Mecánico:

Aunque aparentemente no es muy importante, realmente lo es, cubre el equipo y uniforme completo del árbitro. Recuerde lo que estos artículos son y le ayudará grandemente a la impresión que ustedes dejarán en el público y los jugadores.

Todo buen árbitro debe tener:

Dos gorras del mismo color del uniforme, una con visera corta para el plato y una con visera larga para las bases.

El último libro de reglas publicado. Un protector (peto) interior o exterior como usted lo prefiera, pero con una marca estándar y color azul oscuro si es posible, cuando se usa el protector (peto) exterior. Los árbitros de la Liga Nacional usan el protector interior y los de la Liga Americana el exterior.

Dos pares de zapatos. Uno para el plato con protección para los dedos del pie y un par ordinario para las bases.

Suspensorios con copa.

Indicador.

Una bolsa para las bolas.

Un reloj completa el equipo del árbitro. Es difícil hacer el trabajo sin estar bien protegido. Su apariencia tiene mucho que ver con la acogida y aceptación que usted tenga entre el público al entrar al terreno de juego. Recuerde que la primera impresión es la que más dura. Esto se aplica fuera del terreno de juego, igualmente.

Hemos cubierto las tres partes en las que se ha dividido el arbitraje de béisbol para demostrarles qué y quién es realmente un árbitro. Para ser un buen árbitro, usted debe ser un buen ciudadano. El jugador y el público deben sentir respeto hacia usted tanto en el terreno de juego como fuera de él.

Comienzo del juego:

Cinco (5) minutos antes de comenzar el juego, los árbitros deben dirigirse junto al plato del bateador. Préstele estricta atención a lo que se esté hablando en el plato y no asuma una actitud indiferente por el hecho de no ser el árbitro principal en ese juego, creyéndose en posición de eximirse a conocer las reglas de terreno o cualquiera otra situación bajo la cual se celebrará el partido.

Sea atento con ambos dirigentes. Absténgase de mencionar incidentes desagradables de algún juego propio y si alguno de los dirigentes lo intenta, respóndale diciéndole: "eso es historia para mí, hoy es un nuevo día en todo aspecto", y procure hacer efectivas sus palabras.

Cuando caminen hacia el plato no asuman la apariencia de un grupo de hombres que van a ser ejecutados o que van a un entierro. Camine natural y con la frente erguida. Nunca adquiera un complejo de inferioridad. Mantenga esta actitud y porte a través del juego, pues de lo contrario los jugadores perderían el entusiasmo e interés y el juego sería una farsa, monótono.

Técnicas de béisbol:

El béisbol es un juego sumamente complicado. Existen 128 reglas en el Libro Oficial de Béisbol, las cuales cubren 95 páginas, con un número de alrededor de 25.000 palabras. Muchas de las 128 reglas contienen por lo menos media docena de subsecciones relacionadas con jugadas raras y pocas veces vistas. Las cosas suceden tan rápidamente en el béisbol y pueden complicarse tanto que para juegos importantes y de Series Mundiales se asignan seis árbitros.

Algunas de las reglas del béisbol son ignoradas y si estas reglas fueran formadas por algún árbitro mal instruido, daría lugar a tantas discusiones y peleas que convertirían el diamante en un campo de batalla. Algunas de las reglas más importantes fueron escritas por personas que obviamente se encontraban en algún lugar jugando pelota, cuando estaban supuestos a estar en la escuela aprendiendo gramática. Le han inculcado cierto lenguaje a las reglas que en ninguna forma describen al béisbol tal como lo conocemos. Pero esto no importa, porque los fanáticos, árbitros y jugadores saben lo que las reglas debieran decir y por tanto el juego funciona de la forma que debe ser jugado y no de acuerdo con las reglas.

Instrucciones generales:

No cante bolas o strikes, hasta que la bola toque el guante del receptor. En los strikes haga un movimiento con su mano derecha que pueda ser apreciado por todo el público.

Debe poseer siempre en el terreno de juego un libro de Reglas y de ser necesario haga uso del mismo. Su dignidad no será afectada ya que usted está en una posición para emitir decisiones correctas y es mucho más conveniente acudir al libro de Reglas antes que tener un juego protestado o confiscado.

Procure comer liviano antes o entre juego. Protéjase decretando 'time'.

Cuando el juego sea detenido en casos como el lanzador ponerse su chaqueta, cuando el lanzador solicita cambio de bola o cualquier otra solicitud legítima por parte de los jugadores o dirigentes, no se pare en el terreno de juego con sus manos en los bolsillos o sus piernas cruzadas. Asuma una posición interesante, despierto y concentrado en el juego todo el tiempo.

Para aprender el arbitraje de béisbol en la forma en que debe saberse, el proceso es lento, el trabajo enfadoso y pesado y es un trabajo en el que usted no nota progreso en sí mismo pero seguro que es notado por otros. Las Ligas mayores reclaman que le toma cuatro años a un árbitro para establecerse en el Gran Circo y rara es la vez en que un árbitro es asignado a una serie mundial antes de trabajar cuatro años en la Liga que representa. Notará plenamente que la paciencia es una parte muy principal en el desarrollo de un árbitro.

Las reglas de terreno no pueden violar o ser opuestas a las reglas oficiales del libro. El árbitro debe ser muy técnico únicamente en las reglas de terreno.

No permita que jugador alguno arbitre el juego ni a los coachs cantar jugadas en sus posiciones. Estos siempre cantarán el 'safe' o lo que les convenga, explíqueles que usted no necesita ayuda de su parte. No existe el 'time' automático como salirse el bateador, limpiar el plato, etc. Para cantar bola muerta, o sea fouls bolazos, interferencias, etc., se debe levantar ambas manos en alto. Al cantar una jugada cerrada, hágalo en tono fuerte y mirando al corredor para que no se quede. Roger Ornsky dice: "El strike es bueno para el árbitro cantarlo, debe ser bueno para el bateador tirarle. Siempre que un árbitro decrete un 'balk' su o sus compañeros deben hacer lo mismo aunque no lo hayan visto".

El mayor orgullo del árbitro es la maravillosa tradición y reputación de honradez innata en su trabajo. Siempre admire y fomente esta forma gloriosa sobre todo de nuestros pioneros en establecer tan ejemplar tradición. Sea el promotor del buen compañerismo, no posea una actitud negativa ni hable mal de sus compañeros árbitros. Haga todo lo posible por evitar estas acciones tan bajas.

Lo que debe hacer el árbitro:

1. Ser activo, concentrarse en el juego, estar alerta.
2. Estudiar las reglas con frecuencia.
3. Estudiar situaciones difíciles.
4. Mantener su uniforme limpio.
5. Ser cortés, firme.
6. Ser puntual.
7. Olvidar los días malos.
8. Hacer los informes fieles y honestos.
9. Cantar las jugadas que le pertenecen.
10. Poseer una buena loción para los ojos.
11. Lavar sus gorras y uniformes.
12. Mantener el plato limpio.
13. Emitir decisiones al pararse y no corriendo.
14. Estar siempre encima de la jugada.

15. Respaldar siempre a sus compañeros.
16. Mantener su vista en la bola.
17. Ser un caballero dentro y fuera del terreno de juego.
18. Superarse y progresar.
19. Mantenerse en buenas condiciones físicas.
20. Conocer el parque y sus reglas de terreno.

Lo que no debe hacer el árbitro:

1. Charlar con los peloteros.
2. Posar al cantar bolas y strikes.
3. Cantar out al bateador en 'fly balls' cuando sea obvio.
4. Prestarle atención a los comentarios de los críticos en pro o en contra.
5. Tomar decisiones muy rápidas; debe asegurarse de que la jugada sea completa y entonces emitir su decisión con ánimo.
6. Decirle a los jugadores qué hacer y cómo deben jugar sus posiciones.
7. Declarar out a un corredor con su careta en la mano derecha, puede resbalarse y agredir al corredor o fildeador.
8. Buscar problemas. Tendrá bastantes sin buscarlos.
9. Ser demasiado técnico.
10. Hablar de alguien a no ser que tenga algo agradable que decir.
11. Entrar al terreno prejuiciando contra pelotero o equipo alguno.

12. Preocuparse por el juego o lo que sucedió en el diamante. Todo es historia en cuanto a usted concierne.

13. Localizar la bola para los jugadores. Puede ser que estén haciendo la treta para esconder la bola.

14. Poner en ridículo a alguien. Juzgue a la humanidad por sí mismo.

15. Entregarse al juego de dinero o frecuentar casas de juego. Los fanáticos acuden a cualquier artimaña por hacerle la vida miserable.

Sistemas de arbitraje en el béisbol

Existen dos sistemas de arbitraje en el béisbol. El sistema de dos hombres y el de tres hombres.

Sistema de dos hombres: en este artículo se cubrirá más la posición del árbitro de base en el sistema de dos hombres.

1. Con las bases desocupadas el árbitro de primera se situará cruzando la línea de cal a tres pies detrás de donde se pare el primera base. De esta forma no obstruirá al primera base en jugadas en que éste tenga que moverse rápidamente hacia la izquierda.

2. Con corredor en primera el árbitro de base se situará a una distancia aproximada de 15 pies de la segunda almohadilla y tres pies de la línea imaginaria entre *primera y segunda*. Así estará en mejor posición para cantar una doble jugada.

3. Con corredor en segunda, se situará a una distancia aproximada de 15 pies de la segunda almohadilla y tres

pies de la línea imaginaria entre *segunda y primera*. Estará en posición de cantar una jugada o decisión en tercera.

4. Con corredores en primera y segunda, primera y tercera, segunda y tercera, el árbitro de base asumirá la misma posición que con corredor en segunda.

5. Con las bases llenas y el infield jugando dentro, el árbitro debe situarse fuera del diamante a una distancia aproximada de diez pies detrás del short stop. La idea es evitar interferir con el infield que juega dentro del diamante.

6. Con las bases llenas y el infield jugando afuera, el árbitro debe situarse dentro del diamante a una distancia aproximada de 15 pies de la segunda almohadilla y tres pies de la línea imaginaria entre segunda y tercera. El árbitro principal tendrá la responsabilidad del corredor más adelantado. Estará atento a que los corredores pisen las bases y en todo batazo de 'fair' se moverá hacia el infield donde asumirá una mejor posición para ayudar a su compañero de surgir necesidad. Usarán un sistema de señales y se avisarán gritándose para evitar una misma jugada.

Sistema de tres hombres. Árbitro de primera: en este artículo se cubrirá la posición correcta que debe asumir el árbitro de primera en diferentes situaciones.

Bases desocupadas. Se situará cruzando la línea de 'foul' a tres pies detrás de donde se para el primera base, exceptuando naturalmente aquellos casos en que la primera tenga que jugar dentro del infield.

Corredor en primera. Cruzará la línea de 'foul' aproximadamente a tres pies detrás de la primera almohadilla. En 'hit' de no haber jugada en primera se moverá hacia el plato cuando el árbitro principal se mueva a tercera y cogerá la jugada en el plato. Mantendrá la almohadilla en posición todo el tiempo.

Corredor en segunda. Se situará aproximadamente a 15 pies de la segunda almohadilla y a tres pies de la línea imaginaria entre *primera y segunda.* En bola bateada al infield, se moverá hacia la inicial y cantará la jugada, alerta en todo momento a un disparo a segunda para sorprender al corredor. Velará que los corredores pisen la primera almohadilla.

Corredor en tercera. Se situará cruzando la línea de 'foul' a tres pies de donde se para el primera base, excepto cuando éste tenga que jugar dentro del infield. En un 'fly' al 'outfield' muévase en posición de coger al bateador en segunda de éste continuar corriendo. Así protegerá a su compañero en tercera, y usted mismo, ya que su compañero se quedará en tercera de surgir un 'pisa y corre' y si el fildeador deja caer la bola hay posibilidades de una jugada cerrada en segunda de continuar corriendo el bateador.

Corredores en primera y segunda. Se situará aproximadamente a 15 pies de la almohadilla de segunda y a tres pies de la línea imaginaria entre segunda y primera. Estará alerta en tiros sorpresa a primera o segunda. Cantará las dobles jugadas moviéndose con rapidez para estar lo más cerca posible de las jugadas.

Corredores en segunda y tercera. Se situará aproximadamente a 15 pies de la almohadilla de segunda y a tres pies de la línea imaginaria entre primera y segunda. Tendrá la responsabilidad de jugadas en primera y segunda. Estará pendiente de los 'pisa y corre' formando con su vista una línea recta a través del fildeador y el corredor para poder apreciar simultáneamente al fildeador atrapar el 'fly' y al corredor salir en 'pisa y corre'.

Corredores en primera y tercera. Idéntica posición como cuando hay corredores en primera y segunda. Estará encima de toda posible jugada en segunda. En 'hit' asumirá una posición que le permita ver claramente la primera y segunda almohadillas. Velará que el bateador pise la inicial.

Bases llenas - Infield jugando adentro. Se situará aproximadamente a 15 pies de la almohadilla de segunda fuera del infield y aproximadamente a 5 pies de la línea imaginaria entre *primera y segunda.*

Bases llenas - Infield en posición normal. Asumirá la misma posición y responsabilidades como cuando hay corredores en primera y segunda.

Sistema de tres hombres. Árbitro de tercera: posición correcta del árbitro de tercera en diferentes situaciones.

Bases desocupadas. Se situará cruzando la línea de foul aproximadamente a tres pies de donde se pare el tercera base, excepto cuando éste tenga que jugar dentro del infield. En todo batazo al infield se moverá hacia la segunda almohadilla para una posible jugada.

Corredor en primera. Se situará aproximadamente a 15 pies de la segunda almohadilla y a tres pies de la línea imaginaria entre segunda y tercera. Si su posición normal interfiere con un bateador zurdo o el defensor del bosque central, se moverá dos o tres pasos hacia un lugar más adecuado.

Corredor en segunda. Asumirá la misma posición que con las bases desocupadas. Cantará posibles jugadas en tercera y los batazos de foul o fair que pasen de la tercera almohadilla hacia los bosques. Se moverá hacia el bosque izquierdo cuando surja una posible atrapada de 'cordón de zapato'.

Corredor en tercera. Asumirá la misma posición que con las bases desocupadas. En batazo al outfield alineará al corredor para apreciar simultáneamente la atrapada y el pisa y corre. En hit, se moverá hacia segunda para posibles jugadas. Si el corredor de tercera es atrapado entre el plato y la tercera, el árbitro de tercera cantará la jugada de ocurrir ésta cerca de la tercera almohadilla; el árbitro principal decidirá de ocurrir la jugada cerca del plato.

Corredores en primera y segunda. Asumirá la misma posición que con las bases desocupadas. Cantará todas las jugadas en tercera, mantendrá la base en posición correcta.

Corredores en segunda y tercera. Asumirá la misma posición que con las bases desocupadas. Cantará todas las jugadas en tercera. Estará alerta en batazos de línea a la tercera base que puedan ser atrapados de línea o de recogida, emitirá la decisión.

Corredores en primera y tercera. Asumirá la misma posición que con las bases desocupadas. Estará alerta a los tiros de sorpresa del lanzador o el receptor. Pendiente a los pisa y corre y a los 'shoe string catch'.

Bases llenas - Infield jugando adentro. Se situará cruzando la línea de foul, aproximadamente a tres pies detrás de la tercera almohadilla. En roletazos al cuadro estará pendiente de un forzado en tercera, alerta a los pisa y corre.

Bases llenas - Infield jugando afuera. Asumirá la misma posición que con las bases desocupadas. Cantará foul o fair en batazos que pasen la tercera almohadilla hacia el bosque izquierdo. Estará alerta en recogidas o líneas a la tercera base, en los pisa y corre, en tiros para sorprender del lanzador o el receptor, etc.

Comentarios generales

Sea orgulloso con su trabajo y la posición que ocupa y condúzcase correctamente todo el tiempo. Examine su persona, su trabajo, su personalidad, frecuentemente; todo esto ayudará.

Debe existir siempre el buen sentimiento, cordialidad y acoplamiento entre árbitros trabajando juntos. Si su compañero desea saber su opinión *sobre determinada jugada,* contéstele tal como la vio, bajo ninguna circunstancia esté de acuerdo con su decisión sólo para satisfacerlo. Le estará haciendo un gran daño, pues le pueden surgir problemas en el futuro por pensar que estaba correcto cuando estaba equivocado. Nunca discuta decisiones con nadie que no sea su compañero cuando se presenta la necesidad y evite usar esa pobre excusa de "yo no lo vi".

El árbitro principal es el único juez en los 'medios swings' y su decisión es final. Si por alguna razón su vista ha sido bloqueada puede mediante señal pedirle ayuda al compañero. Únicamente el árbitro principal tiene la autoridad para confiscar un juego, antes de hacerlo debe agotar todos los medios bajo su dominio para impedirlo. No hay nada más desagradable que terminar un juego por confiscación. Instruya a los dirigentes que un juego confiscado

no se puede ganar, pero si éste finaliza aunque sea protestado y dicha protesta es justificada entonces no puede
perder.

El dirigente es responsable de las acciones de sus peloteros
en el terreno de juego. Es deber del árbitro principal cantar el 'infield fly' seguido de los otros árbitros. No cante
muy ligero, especialmente cuando haya vientos fuertes.
Espere hasta que se convenza que la bola caerá en terreno
'fair', cantará el 'infield fly' usando su mejor juicio en la
regla que cubre esta jugada. Vea Regla 2.00. No cante muy
pronto las bolas bateadas lentamente par las líneas, espere hasta que la bola se coloque en terreno fair o foul, sea
tocada por un fildeador o haya pasado primera o tercera.

Cuando el lanzador en el acto de lanzarle al bateador o
tirando a primera base deje caer la bola intencional o
accidentalmente es 'balk'; sin embargo no se impondrá
penalidad alguna si el lanzador deja caer la bola sin corredores en bases. Es posible tener un 'balk' y una interferencia con el mismo lanzamiento mediante la acción del
receptor. Si un corredor trata de anotar mediante el robo
del plato o jugada de cuña, un 'balk' y una interferencia
será cantado si el receptor se mueve al frente del plato
para recibir el lanzamiento. El corredor anotará porque el
receptor ha creado un 'balk' al abandonar su posición y
también ha estorbado al bateador cometiendo interferencia mediante la cual el bateador pasa a la primera base.

Nunca cante 'out' a un corredor, con la careta en la mano
derecha. A Bill Klen, reconocido como el mejor árbitro en
la historia del béisbol, se le cayó la careta cantando 'out' a
un jugador y en la discusión provocada por su decisión le
robaron la careta. El mejor árbitro es el que mantiene los

nueve jugadores en el juego, con absoluto dominio sobre sí mismo, dándose a respetar sin necesidad de sacarlos del juego. El mejor no es el que más jugadores saca en el juego. Siendo árbitro principal, nunca vire la cara o salte en los lanzamientos. Saque los bates y caretas del medio, no por el corredor sino porque éste puede lastimarse y hay que suspender el juego momentáneamente. En batazos fair nunca los cante, solamente haga la seña de fair; en caso de foul, entonces cantará en voz alta y levantando ambas manos si actúa detrás del plato. Bill Klen aseguró que él nunca había fallado una jugada "en su corazón". No juegue dinero, ni coja prestado.

Un hombre inteligente cambia su mente, una persona tonta no lo hace. La Regla 3.09 que prohíbe la fraternización de jugadores con espectadores tuvo su origen en un incidente ocurrido durante la era de Landis, el famoso comisionado de béisbol. Antes de un juego el famoso receptor Gabby Harnett se encontraba en los 'stands' conversando con el notario Alcapone, se les tomaron fotografías las cuales causaron una publicidad adversa al béisbol y por consiguiente la implicación de la *Regla 3.09* por el juez Landis.

Un árbitro nunca cambia la decisión de otro árbitro, excepto en casos de regla, o que su compañero acuda a usted. Sobrepóngase a la fobia de enfrentarse al público, mantenga un hogar feliz, desarrolle su personalidad magnética, deje de preocuparse, no se vea envuelto en una pelea entre jugadores, pues en su informe a la Liga debe cubrir todo lo más posible. Si un árbitro es agredido *primero,* por un pelotero, tiene todos los derechos para pelear tal agresión.

Cuando un árbitro cante 'time' los demás compañeros deben hacerlo simultáneamente. Las Ligas Nacional y Americana requieren de los árbitros llevar consigo una Regla de Béisbol. No levante las manos para cantar bola, solamente en los 'strikes' o 'foul balls'. No señale hacia primera cuando es base por bolas, el público puede creer que usted ha cantado 'strikes'.

Algunas Ligas en E.U., para aligerar el juego, usan únicamente cinco lanzamientos en vez de ocho reglamentarios para calentar los lanzadores. Ningún juego es fácil para los árbitros. Todos deben ser cruciales. Un árbitro no juzga con base en su reputación, no puede descansar en sus laureles.

Sentido común y psicología es absolutamente necesario en el buen arbitraje. Si un dirigente le critica una decisión, dígale que si él fuera mejor no estaría en la misma Liga. La Regla 5.10 (f) se originó cuando Walter Cooper fue aguantado luego de caerse dentro del dogout de los oponentes al atrapar un foul fly.

Ahora si un receptor se cae dentro de un dogout, luego de hacer la atrapada, la bola es muerta, y los corredores avanzan una base sin riesgo de ser puestos out.

SEÑALES DE LOS ÁRBITROS

PARA CANTAR QUIETO ('SAFE')

Los dos brazos extendidos
horizontalmente.

PARA CANTAR OUT

El brazo derecho encima de la cabeza.
Cantar 'Out'.

PARA CANTAR STRIKE

Extender el brazo derecho encima
de la cabeza y cantar 'Strike'.

SEGUNDO STRIKE

Se indica el número de strikes con
los dedos y se canta 'Segundo strike'.

SEÑALES DE LOS ÁRBITROS

BOLA BUENA

Sin decir nada, señalar en dirección del campo interior. La careta debe estar en la mano izquierda.

BOLA DE FOUL

Se puede emplear la expresión 'Bola fuera' mientras se señala hacia el exterior del campo. La careta en la mano izquierda.

TIEMPO

Extender los brazos encima de la cabeza y cantar 'Tiempo'.

PLAY BALL

Se invita al lanzador a que lance la bola, mientras se dice 'Play ball' ('En juego').

SEÑALES DE LOS ÁRBITROS

CONCESIÓN DE DOS BASES

Extender completamente el brazo derecho encima de la cabeza indicando con los dedos el número de bases concedidas (2).

FOUL TIP

Dos dedos de una mano tocan la otra para indicar que el bate ha tocado ligeramente la pelota.

CONCESIÓN DE TRES BASES

La misma acción que cuando se conceden dos bases, indicando con los dedos las tres bases concedidas.

HOME RUN

Extender el brazo derecho encima de la cabeza con el puño cerrado haciendo un movimiento circular en sentido contrario al de las manecillas del reloj.

SEÑALES DE LOS ÁRBITROS

LA CUENTA

Se usa la mano izquierda para señalar las bolas y la derecha para los strikes, sirviéndose de los dedos para indicar el número. Se da primero el número de bolas.

CUENTA COMPLETA

Se muestra con los dedos de la mano izquierda las 3 bolas y con los de la derecha los 2 strikes completados por el bateador.

INFIELD FLY

Extender el brazo derecho encima de la cabeza y decir 'Infield fly'.

SEÑALES DE LOS ÁRBITROS - ÁRBITRO A ÁRBITRO

SITUACIÓN DE INFIELD FLY

Se apoya la mano izquierda sobre el pecho y la mano derecha levantada indica si hay menos de dos outs (para indicar al árbitro).

CANCELACIÓN DE INFIELD FLY

Frotar el brazo izquierdo hacia abajo con la mano derecha.

PARA PEDIR CONCEPTO EL ÁRBITRO DE HOME A ÁRBITRO DE 1A. O 3A. SOBRE UN MEDIO SWING DEL BATEADOR

Señalar la base para solicitar la indicación del árbitro respectivo.

SEÑALES DE LOS ÁRBITROS - ÁRBITRO A ÁRBITRO

Si el swing ha sido completado

Si se trata de un strike, el árbitro de base hace una señal correspondiente a 'Strike'.

Si el swing no ha sido completo

Si es una bola, el árbitro de base hará una señal correspondiente a 'Bola'.

¿Cuántos outs van?

Cerrar el puño y golpearse el muslo.

SEÑALES DE LOS ÁRBITROS - ÁRBITRO A ÁRBITRO

RESPONDIENDO SOBRE
EL NÚMERO DE OUTS

Se indica el número de outs
con los dedos apoyados sobre
el muslo derecho.

PREGUNTANDO POR LA CUENTA
DE BOLAS Y STRIKES

Se apoyan sobre el pecho
las dos manos abiertas.

RESPONDIENDO SOBRE LA CUENTA

Se da la cuenta con los dedos
apoyados sobre el pecho.

TÍTULOS PUBLICADOS